DIALOGUE ON EDUCATION IN CHINA

十四五"时期国家重点出版物出版专项规划项目

认识中国·了解中国"书系

对话中国教育

未来教育创新的建议

顾明远 等 著
滕珺 等 整理

Suggestions for
Future Educational Innovation

中国人民大学出版社
·北京·

| 序一 |

欣闻顾先生与世界各国学者的教育对话集即将出版，十分高兴。先生邀请我为书作序，我真不敢当。不过既然先生信任，我也借机分享一下书里书外的故事。

我和先生相识于 2019 年，当时我从联合国教科文组织卸任不久，还在巴黎生活。有一日，我接到顾先生高足、北京师范大学国际与比较教育研究院教授滕珺博士发来的邮件，邀请我与先生于当年 10 月 27 日在徐州召开的“2019 年明远教育论坛”上，就“深化教育现代化改革，促进世界可持续发展”这一主题进行一场高端对话。我当即回复：“顾明远先生是一位我很尊敬的教育界前辈，大名早闻。近年来看到他在国内弘扬联合国教科文组织教育理念的努力，也看到他对我们那份《反思教育》报告的精辟分析。虽然以前与顾先生没有什么直接往来，但也可算是‘神交久矣’。感谢你们邀请我出席论坛与顾先生对话，我很愿意有这个机会向顾先生讨教。”这次的对话很成功，也收进了这本对话集中。此后，我便有了各种机缘，与顾先生交流中国与世界的教育问题。

顾先生是中国教育界的前辈，是中国比较教育研究的开山鼻祖，他对中国教育体系有深入的研究，对数十年来全球教育的发展趋势有广泛的了解与独到的见解。当年我在联合国教科文组织担任教育助理总干事时，虽然尚不曾见过顾先生，但耳闻已久，对他提出的诸多观点印象深刻，而这些观点对我领导联合国教科文组织从事全球教育治理工作颇有启发。近两年来，我几次有机会与顾先生交谈，谈及中国与世界的教育发展，我和顾先生的看法很一致。中国教育的发展受益于改革开放以来与世界各国的交流与合作，同时也对世界教育的发展做出了重要的、突出的贡献，这是为联合国教科文组织和世界各国所公认的事实。

站在“两个一百年”的历史交汇点上，特别是面对新冠肺炎疫情后的新的世界格局，中国当有更多的自信、更大的担当，同时也需要更多的理性和智慧来应对这个更加复杂的世界。在这一过程中，中国人首先需要学会平视世界，学会与世界平等地对话与交流，学会耐心地听取别人的想法和意见，学会心平气和地用别人能听得懂的语言、能接受的思维方式，讲清楚讲明白我们的想法和做法。过去那种无论是仰视世界还是俯视世界的角度都是不可取的。可以说，顾先生这本对话集的出版恰逢其时，为中国教育界做出了一个很好的典范。

前几日，联合国教科文组织又发布了一份重要的报告《共同重新构想我们的未来：一种新的教育社会契约》，报告提出“教育可以视为一种社会契约——一种社会成员间为了共享的利益而合作达成的缄默协议”，这与我们中国自身的教育传统不谋而合。我期待在未来的世界发展洪流中，教育能成为各国人民心灵相通的桥梁，成为世界可持续发展的助推器。与此同时，中国教育既能从与世界各国的交流和合作中获得发展，同时也能为世界教育的发展贡献更多智慧、更多经验。我想，这也是顾先生出版这本对话集的初衷。

是为序。

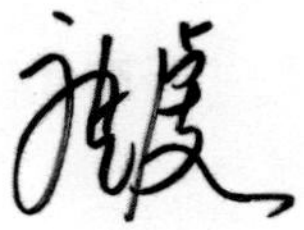

联合国教科文组织前教育助理总干事

2021 年 11 月 20 日

序二

顾明远先生是中国教育学泰斗、教育界老前辈，而我是经济学界的后生。我们两人初次相识在多年前召开的国家教育考试指导委员会全体会议上，当时我们都作为委员讨论高考改革问题。后来，2014 年 12 月中国教育三十人论坛成立，我作为论坛成员在大会上做了一个发言，会后向顾先生请教，他对我的发言很肯定，给予我很大鼓励。再后来，就是 2017 年 4 月我参加由北京明远教育书院、中信出版集团《比较》杂志编辑室和青岛伟东云教育集团联合主办的“中国的经济转型和教育转型”专题读书会，与顾先生对话，讨论教育改革、人才培养等话题。这篇对话就收录在顾先生的这本《对话中国教育：未来教育创新的建议》之中。

《对话中国教育》一共收录了顾先生的十场对话，时间是从 2015 年至 2020 年。除我之外，与顾先生对话的嘉宾有来自日本、芬兰、美国、加拿大、乌克兰等国的著名教育学家、管理学家，也有来自联合国教科文组织教育部门的专家。他们中不少是多年来经常来访中国的专家学者，有的还是北京师范大学的名誉教授。这些对话学者，既有来自中国、美国这样教育大国的，也有来自人口只有几百万但教育成就举世公认的国家芬兰的，他们的思想碰撞，观点生辉。

这是一本中国教育与世界各国教育的对话录。这些对话的共同特点是以中国教育为出发点，比较世界各国教育，在比较中受启发，获新知，取经验，最后再落脚到中国未来教育。在当今中国教育遇到新的困难和挑战时，如果我们换个视角，用世界的眼光来看中国教育，就会有不同的认识。比如从芬兰的经验中，我们发现原来教育并不一定非得按照我们习以为常的方法，原来学习可以有如此灵活和个性化的方式。顾先生是研究比较教育学的，我是研究比较经济学的，我们有共同的体会，就是比较出真知。

虽然场合不同，对话嘉宾的文化背景不同，但在这些对话中顾先生一直贯穿着多年来坚守的教育思想。他在 20 世纪 80 年代就提出了“学生是教育的主体”，他一贯主张教育要“以学生为中心”，因为“教育最终的目的是学生的成长”。我非常赞同这个观点，也体现在我的《大学的改革》书中提出的“大学为学生”。这在今天看来更有意义，因为现在的各种评价指标越来越多，有来自政府的，也有来自市场的，其中一些指标似乎偏离了教育的这个根本目标。当教师只关注论文发表时，当然就不会以学生为本；当学校只关注学生毕业后的就业时，当然也会忽视学生的长远成长。所以我们今天重温顾先生在对话中反复强调的教育的根本目标和理念，会帮助我们找回教育的初心、本源。

在与美国联邦教育部前部长助理的对话中，顾先生对比中国教育与美国教育，他说中国教育是有“高原”，但无“高峰”，而美国教育虽然无“高原”，但是有“高峰”，也就是有拔尖人才。这个说法与我所描述的中国教育在育才方面“均值高、方差小”很一致，我们都观察到了中国教育中同样的问题。中国传统文化对教育高度重视，社会对教育投入很大：既有国家、家庭的投入，也有教师、学生的投入；既有资金的投入，又有时间的投入。同时，我们的传统文化对教育的投入方式也很有特点，就是侧重于教师向学生传授知识，特别是传授那些对考试有用的基础知识和技能。因此在我国，学生的基础知识相对扎实，而且平均水平比较高。这在世界各国的横向比较中就可以明显看出，不仅与我们经济发展水平相同的国家相比是如此，即使与比我们更发达的国家相比也是如此。这就是顾先生说的有“高原”。但是我们培养出的杰出人才还是较少。考虑到我们国家的人口基数，这个“少”就是更加突出的问题了。

攻克无“高峰”的局面，是对教育提出的巨大挑战。当今时代是一个创新的时代。创新不仅是中国经济水平从中等收入向高收入转型的需要，也是参与全球竞争的需要。经济转型呼唤教育转型，这是我同顾先生那场对话的主题。在探讨这个问题时，我同顾先生的看法很一致，就是我们的教育缺乏批判性思维和创造性思维的培育。顾先生在对话中说，教学不光要传授知识——知识是容易忘记的——更要注重批判性思维和创造性思维的培养，因为思维是不会忘记的。顾先生还提到在中国，小学低年级学生比高年级学生课堂提问的次数更多、求知欲好奇心更强烈，说明我们的孩子并不缺乏这两种思维，缺乏的只是后天的引导和培养。

顾先生有这么四句话在对话中多次出现：“没有爱就没有教育，没有兴趣就没有学习，教书育人在细微处，学生成长在活动中。”这就是他对教师和学生的期望。在他的心目中，好教师首先要爱学生，要有激情，看到学生就有激情，好教师还要有悟性和童心。他对学生的期望是，学习要基于兴趣，学习不仅在课堂上，而且在活动中。反观今天的教育现状，我们更感到他的这些话平实却贴切。

在我同顾先生对话的最后，主持人让我们各自用一句话来总结。顾先生说：教育是未来的事业，教育的未来就在大家的身上。我接着说：中国教育的今天就是中国经济的明天，也是中国文明的明天。虽然我们的学科领域不同，辈分不同，但是我们对教育的本质有高度的共识。

钱颖一

清华大学文科资深教授、经济管理学院教授

2021 年 12 月

目 录

◎顾明远，北京师范大学资深教授、中国教育学会名誉会长
◎佐藤学，日本教育学会原会长

从教到学：学校需要哪些改变

高端对话
从教到学——学校需要哪些改变
北京明远教育书院

佐藤学

佐藤学（Manabu Sato），1951 年生，东京大学教育学博士，北京明远教育书院学术委员，日本教育学会原会长、著名教育专家、东京大学教授。从事课程论、教学论、教师教育等领域的研究。

历任三重大学教育学部副教授、东京大学教育学部副教授、东京大学大学院教育学研究科教授，现任东京大学大学院教育学研究科科长、学部长。同时是美国国家教育科学院外籍院士、日本学术会议会员、日本教育哲学学会常务理事、日本教育方法学会常务理事、日本课程学会常务理事、日本教师教育学会常务理事、日本教育史学会理事、文部科学省学术审议会专业委员、东京大学出版会理事。

佐藤学出版了《美国课程改造史研究——单元学习的创造》《学习，其死亡与再生》《教育方法学》《课程评论——走向公共性的重建》《教师这一难题——走向反思性实践》《学习的快乐——走向对话》《教育方法》《教育改革设计》《静悄悄的革命》。

佐藤学是中国教育工作者熟知的日本教育家，他曾访问世界各地的学校，走遍27个国家，进行“学习共同体”的建设。他的《静悄悄的革命》《学习的快乐——走向对话》等著作在中国教育界引起了广泛的影响。2016年10月30日，由著名教育家顾明远先生牵头发起的北京明远教育书院成立大会暨2016明远教育论坛在北京师范大学举行。日本著名教育专家佐藤学教授与北京师范大学资深教授顾明远先生在大会上进行了一场主题为“从教到学：学校需要哪些改变”的高端对话，就一线教育工作者关心的终身学习、学习方式的转变、教师专业发展等一系列话题展开了深入讨论，同时也为与会的教育同人解答了许多疑惑。担任本次对话的主持人和翻译的分别是北京师范大学国际与比较教育研究院高益民教授和于莉助理研究员。

一、倡导终身学习，拓展人生宽度

高益民：顾老师本人就是力行终身学习的实践者，顾老师已近 87 周岁，但在我们单位是使用微信最熟练的一名老师。

顾明远：很高兴和佐藤学先生一起讨论学术问题。学习是人类生活的一部分，随着社会和时代的变化，不学习就跟不上世界发展的步伐。20 世纪 90 年代，我担任全国高校教育技术学教学指导委员会主任委员，从那时开始学电脑，之后的工作、学习甚至和海外联系都离不开电脑。10 年前，谁也想不到现在可以一部手机走天下。我的一名学生，她的孩子两三岁就知道支付宝，她和儿子出去外面吃饭没带钱，儿子说，那就用支付宝吧。所以要终身学习，要跟年轻人保持同步。

高益民：佐藤老师提出了“学习共同体”的理论。请问佐藤老师，提出这个理论，跟您的名字有没有关系？

佐藤学：首先，衷心祝贺北京明远教育书院成立，同时很高兴能受邀参加此次大会。第一次见到顾老师是在 20 年前，深刻地感受到他是全世界最受尊敬的学者之一。顾老师跟日本教育学会的前两代会长都有密切的交往。我下面回答高老师的问题。“学”这个名字在日本很少见，它作为我的名字还有一段故事。第二次世界大战时，我的父亲和母亲都是反战的，他们在非常艰苦的战争年代相识、结婚并生下我。战后是一个民主时代，是每个人都要参加新社会创造的时代。父母期待我可以不断学习，所以这个名字反映了父母的愿望。但我小时候特别讨厌学校，非常苦恼父母给我起了这个名字，从学校毕业后还要继续学。但现在感觉，当时父母已经读出了未来社会的趋势。到 20 世纪 80 年代，整个社会变成了终身学习的社会，这个时代，不光是我，每个人都要学习。所以非常感谢父母，我为我的名字感到自豪。但名字跟“学习共同体”没有关系，“学习共同体”一会儿还要谈到。

高益民：我知道，顾老师是我们国家最早把终身教育引入中国的学者。顾老师曾作为中国代表参加了联合国教科文组织第 18 届大会。

顾明远：1974 年，我在北京师范大学第二附属中学当校长，当时（1971 年）我国已经恢复了在联合国的合法席位。在第 18 届大会上，联合国教科文组织制定了中长期教育规划，各个国家要提出实施的项目，其中教育方面的有 100 多项提案。提案有两类，发展中国家的文盲多，希望把扫除文盲作为联合国教科文组织重点发展的项目。而当时石油危机造成了企业倒闭和工人失业，所以发达国家建议发展成人教育和终身教育。当时我国也有成人小学和成人中学，但不了解什么是终身教育，认为终身教育就是资本主义教育思想。最后，关于发展中国家提出的扫盲和普及初等教育等项目，我举手同意。阿尔巴尼亚的代表坐在我前面，看我举手，他也举手，我不举手，他也不举。大会晚宴时，澳大利亚的代表问我，中国如何解决青年人失业问题？我说，我国中学毕业生都上山下乡，农村有广阔的天地，没有失业的现象，当然现在听起来很可笑。

20 世纪 70 年代，联合国教科文组织发布过一份很重要的报告《学会生存：教育世界的今天和明天》。该报告讲到，当今世界，再也没有比知识发展更重要的事情，社会已经进入学习化社会，人要不断学习、终身学习。马克思提到，大工业生产、技术革命造成了劳动变化和工人流动。工业革命初期，工人没有文化，只能用体力不会脑力劳动。大工业生产要求学会用脑力，因此生产劳动要和教育相结合，用全面发展的人代替片面发展的人。只有这样的人，才能在大工业生产中生存下去。我觉得这和终身教育思想很吻合。但当时我们并不理解，因为当时我们生活在一个没有完成工业化的农业社会。在 20 世纪 90 年代的国有企业改革中，工人不适应新的生产机器和新的生产线，造成了下岗潮，那时我们才理解科学技术所引起的变革。1993 年，国家制定《中国教育改革和发展纲要》，才提出“终身教育”的概念。现在这个概念已经被大家普遍接受了。随着时代发展，从20世纪末21世纪初开始，每个人都把学习看成了生活的一部分。时代变化影响了人的生活，人们在获得丰富的物质生活后，又有了精神追求。20世纪末，联合国教科文组织提出非正式学习，逛图书馆、旅游、上网等都是非正式学习。要终身教育、终身学习，就要把学习变成生活的一部分。

二、改革教学方式，落实以学为主

高益民：两位老师的足迹遍布全国的中小学，顾老师和佐藤老师每月甚至每周都去学校。顾老师走过的学校，据佐藤老师统计有2 000多所。两位老师都认为学校需要改革，20世纪80年代时，顾老师就强调学生的主动发展。顾老师是怎么想到这个问题的？

顾明远：“文革”后，我们恢复了中等师范教育，我参与编写了中等师范学校课本《教育学》一书。在讲到“学生”这一章时，我就思考学生到底处在什么地位。教育最终的目的是让学生成长，把书本知识内化为自己的知识。这本教科书中有一节专门讲学生是教育的主体，学生是主动学习的，有主观能动性，不是留声机、相机。老师讲得好，他就记住；老师讲得不好，他就不记。但当时也有很多争论，比如教师的主导作用在哪里呢？教师的作用很重要，教师的作用在于启发学生自主学习。孔子说："不愤不启，不悱不发。"要让学生有学习的欲望。从学习角度看，学生绝对是主体，不能靠灌输来获得智慧和能力。

佐藤学： 首先，顾老师能在"文革"刚结束就看到世界趋势并提出意见，我向他表达敬意。我刚开始学教育学时读的是维果斯基和克鲁普斯卡娅（列宁夫人）的书，他们的日文译作我读不懂，就学俄语后读原版。克鲁普斯卡娅的著作参考了很多杜威的理论，所以我又开始学习杜威。这三个人的书我看得多，他们虽然是 19 世纪的教育学者，但和顾老师一样眼光远大，始终在观察世界。解决教育问题需要有国际眼光。我认为国际眼光有三种：第一种是蚂蚁的眼光，小草、小微粒都看得到，观察学生怎么学习，就是要观察得非常细；第二种是蜻蜓的眼光，从各个角度观察学生；第三种是鸟的眼光，飞得高，俯瞰大地，要站在教育的高度观察学生。这三种眼光结合得不好，是教育问题难以解决的原因。从十年前开始，我先后拜访了中国 200 多所学校，但令我特别吃惊的是，这些学校都有顾老师的足迹，所有学校的老师都说，你来之前顾老师已经来过了。

我对学校开始实际考察是在 36 年前，那时，日本刚开始从工业社会向后工业社会转变，初中升高中的升学率达到

96%，高中升大学的升学率达到40%。之前日本经济同现在中国一样，增长非常快，但从明治维新开始的高速增长停滞了。同时，社会问题开始涌现：暴力到处可见，离婚率升高，不愿到学校上学的孩子增多。当时正是终身学习时代刚开始的时候，日本上百年的教育现代化的过程也开始破产。当时，我研究的对象还是欧美，主要思考两个问题，一是现代教育体系的破产，二是亚洲教育模式可能遇到转机。这是我把学习当作思考问题核心的原因。传统的教室大家都知道是什么样子的，前面是黑板，后面是课桌，这既是130年前现代国家成立时形成的模式，也是工业革命建立的教育体系。19世纪后半叶，亚洲国家中最早引入这种模式的是日本。东亚是以竞争为基础形成的现代化，导致了“学习好，社会地位就高”的局面，这也是东亚快速发展，用100年甚至是50年就完成了西方两三百年完成的现代化进程的原因。但在1980年，这个体系撑不住了。同时，世界也在发生变化，美国、芬兰等国的教育都在发生变化。比如：它们将原来整整齐齐的课桌椅摆成了U形；以前的系统是一个教的系统，转变为一个学的系统。我先讲到这里，想问问顾老师，您是怎么想到以学为中心的？

顾明远：20世纪50年代，我在北京师范大学附属中学当教导处副主任，开始发现一些学生学习的问题。之后我到各个学校去调研教学，逐渐总结出，不把学生放在主体地位，不发挥学生的积极性，就很难提高教育质量，学生很难学到知识。1980 年，结合自己的教学经验和对西方教育思想的学习，再加上杜威和陶行知的理论对自己的启发，我提出了“以学生为中心”的理论。

三、强调共同学习，推动探究合作

高益民：现在很多中小学在实施探究式学习、合作学习、自主学习，为什么这个时代特别强调学习方式的变革？老师将考虑好的直接教给学生，不是更快吗？

佐藤学：我参观过很多中国学校，墙上都挂着“学会学习”四个字。这里面包含两层含义：一层含义是学习的过程是痛苦的、不容易的，但无论多么痛苦都要坚持。当然还有另一层含义：学习的海洋中有很多宝藏，再苦也要学。在座的各位老师是从哪一层意思来理解“学会学习”的呢？关于学习的问题，什么是学习，学习有什么特点，我读了很多西方的、日本的著作，发现了两个特点。他们都喜欢用旅行来比喻学习。为什么？学习是一种旅行，是从已知世界到未知世界的旅行，是一种相遇、对话，是和陌生世界、其他人的相遇，是和自己的相遇，是和新的世界的对话，和新的其他人的对话，和新的自己的对话。康德写过一篇文章，问什么是学习；福柯也写过一篇论文，谈什么是学习。康德和福柯认为，学习是跟客观世界的对话，跟他者的相遇和对话，跟自己的相遇和对话。学习了这些，也就形成了我对学习的理解——学习是旅行。不管是东方还是西方，学习最需要谦逊和虚心，我经常把这两方面当作学习的本质。所以，在学习过程中，特别需要相互倾听，只有相互倾听了，才能共同行动。苏格拉底早就说过这个问题——要倾听。刚才，主持人问，为什么要共同学习。我说，一个人的学习不叫学习，“学”字的繁体字“學”，上半部分表达文化传承，下面像学习的同伴，两边像教师的手。

顾明远：学习，需要在一定的环境下共同学习，不能关在屋子里一个人学习，那样学不到真正的东西。学习还需要互相启发、讨论，我们经常开研讨会，研讨过程中就会有新的想法。因此，学习要有一个共同的环境，这样才能学到真正的知识，同时在集体学习中学到谦虚与合作的精神。春秋战国时期，孔子一个人可以创立学派提出理论；文艺复兴时期，达·芬奇一个人可以做实验。这些都是个人行为。但现在是后工业社会，是互联网时代，是合作的时代，创造发明都要靠集体，这更要求我们合作学习。

另外，大家对探究式学习和合作学习有一些误解，而且在实践中也没有达成更好的效果。比如课堂上的小组讨论，总有几个孩子很积极，但也有一两个一言不发。要让孩子自己去探究，自己去思索，自己去找资料。“学而时习之”一般有两种解释：一是学了后要复习，二是在适当的时候复习才有效果。但对这句话，我有不同的解释。习，就是在适当的时候共同学习、复习。怎么理解合作学习，需要老师创造一些新的模式和方法。

高益民：顾老师讲到学习过程中的差异，学习好的越讲越多，跟不上的讲得少。还有一些老师提出，学生那么小，怎么合作？要他探究，哪有时间探究？探究哪有老师教来得快？

佐藤学：首先，我对顾老师“学而时习之”的理解很有同感，也很受感动。我小时候身体不好，特别害羞，在外人面前几乎不能说话。父母非常担心我，担心如果他们不在了，我怎么办。我当时就想，修表就不用跟人说话了，就一个人修。但现在时代不同了，完全自己学习的情况已经不存在了。中国10年前开始小组学习模式，但小组学习不能定小组组长，每个人都应该成为学习的主人公。学习小组的最成功的做法，就是每组三到四人，其中有擅长讨论的学生，有善于倾听的学生。中国学生既善于合作学习，也善于探究。好多表面很快乐的课堂，其实不快乐，因为没有探究。就像顾老师刚才讲的，只有共同探究的学习，课堂才有快乐，才能让学生有挑战、有发展。

下面我回答高老师的问题——低龄段怎么办。我考察了32个国家的低年级合作学习，可以说没有一个是成功的。现在我有两点意见供大家参考：一是低年级最好是班级集体学习，桌椅的摆放，要像日本的露天温泉一样，大家都在里面，老师也在里面。低年级的孩子特别不稳定，要像泡温泉一样，让大家静下来，才能倾听、才能学习。二是组织两两学习，老师要关照好全班的学习。有了这两个要点，什么学校都能促进低龄段的学习。即使是没有学习状态的，也能很好学习。

顾明远：我非常同意佐藤学先生所讲的。小组学习和合作学习要顾及学生的想象力和能力。学生的想象力和能力往往是被低估了的，让学生发言，他们可以有很多想法。比如"秋天落叶了，就像剃头了"，大人怎么能想象出来？合作学习，不一定人很多，要小班化。在教育现代化里，很重要的一点就是小班化。提出一个题目，每个孩子都会有想法，这种学习在低年级也能进行。

四、改变学校文化，助力真正学习

高益民：请问佐藤学老师，您为什么要开始改造薄弱学校？是人家请你去，还是您主动去？请您谈谈这方面的经历。

佐藤学：改造薄弱学校有两个理由。第一个理由是扶助那些学习困难和贫困的儿童，如果没有外在保障，就没有未来。所以要设立保障体系来保障他们的未来生活，同时激发他们的学习热情。教育也许不能立即消除贫困，但能从长远上帮助儿童从贫困中解脱出来。第二个理由是，日本有很多我很尊重的老一辈老师都访问了很多学校，他们大多是向学校老师做报告，但不向学校老师学习；我想我要向学校老师学习，不然教育学不会丰富起来。另外，我所尊重的前辈，他们去访问的都是好学校，是有钱人家的孩子去的学校，所以我想要和他们不一样，去他们没去的那一半，在那里产生新的理论，这是我改造薄弱学校的理由。

高益民：为了促进真正的学习，学校、学校教研怎么改革？学校文化应该怎么办？

顾明远：教育界在讨论，学习是怎么发生的？老师不仅要关心学生课堂上的学习，还要关心学生的课外生活才能了解学习是怎么发生的。学生的学习是凭兴趣发生的，还是老师、家长让它发生的？中国急需改变的就是被学习、被教育的问题，只要解决了这个问题，真正的学习就发生了。30 年前，有 7 所学校，包括上海市第一师范附属小学，提倡快乐教育。我很赞成他们的经验，愉快学习不等于不要学习，既不是打打闹闹，也不是老师给你一块儿糖。所谓愉快，是得到成功的喜悦，是从学习中获得成就感，是在学习过程中对学习产生兴趣，能够获得成功。有了成功的喜悦，学生对学习产生了兴趣，当然会刻苦学习。愉快学习和刻苦学习没有矛盾，但当时很多人不同意愉快学习。我认为，从心理学来讲，愉快是一种情感，是情感表现；刻苦是有没有毅力，是意志的问题。布鲁纳讲过，学习最根本的问题是要调动对学习内容本身的兴趣。所以我提出，没有兴趣就没有学习，有了兴趣，学习就愉快了。刻苦后，获得了成功，更增加了他成功的喜悦。

佐藤学：你们想想，我年轻时中国是什么样的。我根本做梦也想不到，中国经济、教育发展如此迅速。10 年来，我看着中国教育日新月异，我对中国教育充满希望，对中国教育工作者满怀敬意。现在，中国的骨干教师、年轻教师非常优秀，年轻的学者也很优秀。我们要考虑的是学校应创设什么文化，才能为这些人发挥才能创造条件。另外还有一点，一个人的学习称不上学习，老师的成长也是这样的，没有一个人的成长是孤立的。我希望中国的老师都是开放的，不仅学习知识，而且学习技巧，研究什么样的学习是成功的，把孩子的学习当成教研中心。

高益民：补充一下自己的看法，中国的课例研究我也看了很多，跟日本早期的课例研究不太一样。日本的研究有连续性，一堂课每次只讨论一个主题，每年不断地研究。另外，日本教育不是研究老师怎么教，怎么看课、听课、评误，而是都看孩子，看孩子在课堂上怎么表现，是什么学习姿态、什么学习方式。日本的课例研究，不评价老师的课上得好不好，而是促进老师对学习规律的认识。两位老师都谈到，不把学习放在中心，不把学生放在中心，学校、老师和教研都很难改变。

（本文由北京师范大学国际与比较研究院博士生韩思阳整理）

◎顾明远，北京师范大学资深教授、中国教育学会名誉会长
◎汉内莱·尼米，芬兰赫尔辛基大学教授

中芬教育的“秘诀”

汉内莱·尼米（Hannele Niemi）

汉内莱·尼米教授任联合国教科文组织教育主席，中芬联合学习创新研究院主席，研究涉及教师教育、道德教育和基于技术的教与学。担任芬兰赫尔辛基大学教育科学系教授、研究总监，曾任赫尔辛基大学副校长和教育学院院长，在赫尔辛基大学任职以前，任芬兰奥卢大学、图尔库大学、坦佩雷大学教师教育部门教授。

汉内莱·尼米教授是芬兰众多国家级研究项目的学术带头人，包括推进教育技术的“FINNABLE 2020”项目、21 世纪技能在学校（2012—2015），以及芬兰科学院支持的国家研究项目“Life as Learning”（2002—2006）。汉内莱·尼米的主要研究领域是教师职业发展、教师教育质量、道德教育和基于技术的学习环境，发表 40 多篇同行评议国际杂志论文、100 多个国际出版书籍的章节和 100 多篇芬兰语论文。她出版了数部关于芬兰教育的书籍，发表了多篇关于芬兰教育的文章，如《中国和芬兰教与学的新途径——通过技术跨越边界》（New Ways to Teach and Learn in China and Finland：Crossing Boundaries with Technology，2016）、《教育的奇迹：芬兰学校教与学的原理与实践》（The Miracle of Education：The Principles and Practices of Teaching and Learning in Finnish Schools，second revised edition，2016）、《芬兰学校的创新和技术：迈向新的学习生态系统》（Finnish Innovations and Technologies in Schools：Towards New E-cosystems of Learning，2014）。

2015 年 5 月 24 日到 5 月 29 日，应芬兰坦佩雷大学副校长哈里·梅林（Harri Melin）的邀请，北京师范大学资深教授顾明远先生对芬兰教育进行了为期一周的正式访问考察，参访的学校包括坦佩雷大学、坦佩雷大学附属学校（1 ~ 12 年级）(坦佩雷教育培训中心)、Metsänniittyy 幼儿园和坦佩雷 Tredu 职业学校，访问考察涵盖芬兰各级各类教育。在此基础上，北京师范大学芬兰科学教育中国中心和坦佩雷大学中国教育研究与交流中心联合策划并举办了“当东方遇见北方——学习花园之中芬教育大师对话”，邀请赫尔辛基大学前副校长、芬兰资深教育专家汉内莱·尼米教授与中国教育学会名誉会长顾明远在芬兰教育与文化部，围绕中芬教育的文化基础、中芬教育的社会环境、中芬教师的使命与专业发展、中芬教育合作前景等问题展开了长达4个小时的“中芬教育大师对话”。下面我们就来看一看两位同样有着一线任教经历，均在各自国家著名大学担任过副校长，并都在近期参观考察了对方国家的教育系统的教育大师在此次对话中碰撞出了怎样的思想火花。担任本次对话主持人的是芬兰坦佩雷大学中国教育研究与交流中心副教授蔡瑜琢。

一、芬兰和中国上海在PISA评估中的优异表现有相同的“秘诀”

蔡瑜琢：芬兰和中国上海在国际学生评估项目（Program for International Student Assessment，PISA）评估中都有优异表现，两位教授认为这一“优异表现”背后的秘诀是什么？

尼米：我认为芬兰之所以能在PISA评估中成功，有很多原因。首先，卓越的教育归功于我们卓越的教师队伍。我们非常幸运，芬兰许多优异的学生都想成为老师。他们不仅有极高的天赋，受过高质量的教育，还有发自内心的教育意愿，这造就了芬兰领先于世界的教师队伍。其次，是芬兰的教育理念。芬兰教育历来重视教育平等，保证每一个孩子都有受高质量教育的机会。有困难的学生会得到老师和社会更多的支持，真正做到不让一个孩子掉队。最后，重视个性化教育。在芬兰，我们根据每一个学生的特点和兴趣为他们量身定制适合他们的教育，及时发现和改进薄弱环节。

顾明远：非常感谢尼米教授同我们分享有关芬兰 PISA 评估成功的原因。我通过这次对芬兰教育的考察，发现芬兰确实有很多经验值得我们学习。中国上海在 PISA 评估中也取得了非常好的成绩。当然，上海所取得的成绩不能完全代表所有中国学生的成绩。中国幅员辽阔，各地经济、教育发展很不均衡，上海教育是中国顶级教育的代表。我很赞同尼米教授的分析，教师水平很重要。中国上海教师平均水平高，而且有良好的合作精神，他们成立教研组，共同研究教学创新。同时，上海在行政部门领导下还有教学研究组织，优秀的教育教学专家们会亲临各校指导教学。此外，上海的成功还得益于 21 世纪中国新一轮课程改革。新一轮课程改革不但继承了中国优秀教育传统，还吸收了世界先进的教育理念，强调因材施教，促进学生全面发展和个性发展。我也常常说，给学生提供最适合的教育就是最好的教育。

二、教育的差异折射出历史、文化传统的差异

蔡瑜琢：两位教授对中芬 PISA 评估成功的原因做了很好的分析，包括教育理念、教师质量等，其中涉及历史和文化的

问题。二位能否谈谈中芬两国的历史、文化传统是如何影响两国现有的教育实践和教育体制的？

顾明远： 教育是文化的一部分，教育必然受到文化的影响。中国有五千多年历史，形成了许多可贵的教育传统，比如尊师重教，又比如对人格修养的重视。孔夫子的教育目标之一，就是让学生成为“君子”，即做一个有高尚修养的人。但是，传统文化也有缺陷。比如，传统的教育虽然强调知识训练和人格修养，但很少关注批判精神和创新思维。所以，我们的新课改特别强调学生的个性化发展、批判学习和自主学习能力。中国社会正处在转型期，升学竞争依然激烈，中考、高考等重重考试不仅给学生带来巨大压力，也对批判学习和自主学习能力的培养造成极大干扰。芬兰的教育平等、注重学生自由发展的思想正是我们需要学习的。

尼米： 非常开心顾教授从中国视角展开中芬历史、文化传统对中芬教育影响的对话。中芬传统有不少相通之处。我们也有尊重学习的悠久传统。在历史上，芬兰曾长期被瑞典和俄国统治。建国后，国内民族运动强烈呼吁建立本民族文化，芬兰需要自己的文明和教育，尤其是强调国家公务员和教师一定要受到良好教育。当然，芬兰尊崇教育的历史渊源还能追溯到更早。芬兰是路德教占主流的国家，路德教要求每个人都有知识，才能正确阅读《圣经》，才能有自主思考的能力。对路德教的推崇，使教育和知识在芬兰人心目中的地位甚至比婚姻更重要。今日，芬兰教师高度的专业自主权也得益于这样的历史。我们信任我们的教师，相信他们能凭自己的专业能力找出适合学生发展的方案，并对学生进行有效的指导。

顾明远：芬兰重视教育所取得的成果很值得我们借鉴，中国的情况是非常不同的。虽然中国有悠久的历史文化，但是其中有两千多年的封建统治，在这一时期，中国的教育没有得到充分发展。特别是100多年以前，中国受西方一些列强国家的侵略，处于半殖民地半封建社会状态。中国本来有很多世界领先的发明、创造，但由于封建统治和列强侵略，这些发明、创造没有能够传承并发挥作用。特别是在第二次世界大战当中，日本帝国主义的侵略使中国的教育遭受了很大的破坏。新中国成立以后，中国才逐渐开始恢复和重建教育。20世纪五六十年代，我们主要进行的是一些政权巩固活动。直到改革开放之后，我们的教育才得到足够的重视，并取得了很大的发展。一个拥有十几亿人口的大国，用15年时间普及了九年义务教育，这个成果是举世瞩目的。但因为中国幅员辽阔，各地区发展不均衡，教育公平和教育质量仍是当今中国教育面临的两大挑战。事实上，真正的现代中国教育只有100多年的历史，因为过去中国实行的是私塾教学，学习的是四书五经。1898年京师大学堂成立，标志着中国现代教育的开端。所以现代教育在中国的历史很短，我们要走的路还很长。

尼米：是的，在芬兰教育发展的历程中，也有很多里程碑式的节点。1944 年，芬兰建立了 7 ~ 16 岁儿童的综合教育体系。自此以后，芬兰教育朝着更为综合、全面，更多选择的方向发展，教师教育也有很大提升。

顾明远：中国教育近年来里程碑式的事件，是中国政府在 2010 年公布了《国家中长期教育改革和发展规划纲要（2010—2020 年）》，强调教育公平和提高教育质量。到 2020 年，要基本实现教育现代化，基本形成学习型社会，进入人力资源强国行列。这是一个非常宏大的计划。

三、“教育污染”需要全社会的共同治理

蔡瑜琢：相比较而言，芬兰学生的学习负担可能要比中国学生的学习负担轻。请两位教授谈谈对学生学习负担的看法。

顾明远：这个问题很复杂，中国的国情与芬兰的国情很不同，芬兰的教育很普及，也很公平。有一些教育问题不是教育可以解决的，其中包含很多社会问题。我 2014 年春节期间 12 天没下楼，写了一本 7 万字的书《中国教育路在何方》，谈的就是这个问题。每一个家庭都想让自己的孩子接受优质的教育

以获得优异的生活，这是无可非议的，但当下中国社会存在不同阶层，学校的层级也不同，既有优质的，也有薄弱的，所以竞争特别激烈，这是社会问题，不是教育问题。另外，还有教育观念的问题，我们的家长不太愿意让孩子去读职业学校。减轻负担不是一天两天能解决的问题，就像治理空气污染一样。过去我们的经济发展只看 GDP，不顾环境污染的代价。现在我们的“应试教育”只强调升学率，不顾孩子终身发展所付出的代价，我把这种现象称为“教育污染”。“教育污染”的治理和空气污染的治理一样，需要社会共识和各方参与，还有很长的路要走。2014 年，国家公布了考试招生制度的改革意见，其中一项很重要的内容就是引导我们的中学开展多样化的学习，引导学生更遵循他的兴趣爱好来选择未来的专业，将学生平时的综合表现纳入高等教育选拔系统，而不是仅从考试成绩来判定，以减少学生之间的竞争。

尼米：我们相信勤奋学习是必要的，但我们同样想让学习更有趣，有效的学习应该是兴趣加努力。我们同时也强调学生和老师自信心的培养，因此我们的评价方式以鼓励为主，让学生、老师在没有压力的情况下更好地学与教。我们不想通过标准化测试来判断学生学得怎么样，而是想用鼓励的方式促使老师发现学生的学习困难，从而帮助他们。在芬兰，学习方式、方法是很灵活的，学制系统没有死胡同，即使一个学生在某一个阶段失败了，他也还有机会爬起来继续成长。当然，家长有自主选择的权利，但通常来说，家长都不去选择，因为每一个学校都是好学校。当学生完成中等教育后，可以分流，职业大学与研究型大学并没有价值鸿沟，完全取决于学生的兴趣。而一旦他们觉得自己的选择有偏差，也同样有机会从职业大学转到研究型大学，他们有充分的自由去调整自己的选择。

蔡瑜琢：两位教授都反复强调当今社会在历史中是有回声的。除了历史和文化传统因素，当代社会经济全球化也对教育有驱动力。两位教授认为当代社会环境及政策是如何影响两国教育体系的？教育如何平衡历史与当代两种力量之间的张力？

顾明远：教育确实是传统和现代的冲突与融合。我经常讲，就教育论教育，是说不清教育问题的。中国的教育正处于这么一个矛盾、冲突的阶段。研究一个国家的教育，必须了解这个国家的传统、文化和社会，中国教育遇到的很多困惑是历史遗留的产物。以职业教育为例，中国职业教育没有得到很好的重视，因为中国的传统是"学而优则仕"，而不是"学而优则工""学而优则农"。所以，家长几乎都不愿把孩子送到技术学校去，只有学习不好、考不上普通高中和大学的学生才去这类学校。这就是中国的文化传统对现代教育的挑战。此外，当代经济发展对教育也有挑战。30 多年前，中国还是小农经济，还没实现工业化，依然以劳动密集型产业为主，对技术人才的需求不大。但是现在中国经济正在转型，第二、第三产业已经占很大比例，我们要从劳动密集型产业转变为知识技术型产业，就非常需要有专业技能和创新能力的人才。因此，职业教育在近年来非常受国家重视。但正如我前面所言，我们现在发展职业教育仍然受到传统观念的干扰，这就是传统与现代的冲突。

尼米：芬兰在20世纪50年代是农业国家，20世纪六七十年代成为工业国家，20世纪90年代成为高新技术国家。在芬兰的教育体系中，终身学习技能是非常重要的，我们从幼儿就开始关注其终身学习的技能。老师不仅帮助学生学习专业知识，还帮助他们在漫长的人生道路上学习如何去学习各种新的技能。芬兰每十年就有一个大的改革，尤其是综合学校的国家核心课程改革。2014年，芬兰教育与文化部发布了新的国家核心课程标准，新一轮改革在2016年实施，内容包括：融入“主题式教学”，打通学科壁垒；用“现象教学”（phenomenon based learning）分析现实生活，进一步实现合作学习和个性化学习。但这一标准只对当地学校起到一定指导作用，我们的学校完全有自主权，可以根据自己的发展战略来选择、调整。

芬兰教育改革的重点之一是“放权”。各地区负责当地教育质量，国家核心课程只是起到宏观指导作用。各地区和学校可以根据当地特色编制当地课程。老师们也有权自主选取教学方式、教材、评价方式、课堂组织形式。比如一个老师单独教学，或者两个老师合作教学，这些都是由学校和老师决定的。当然，这一切自主权都基于国家核心课程中的基础价值观念，即要保证教育公平和教育质量。

四、要让教师成为一种不可替代的职业

蔡瑜琢：正如两位教授所强调的，好的教育离不开教师的培养，下面请两位教授具体谈一谈对教师培养的认识。

顾明远：教育大计，教师为本。要把教育办好，首先要有优秀的教师。教育专业化的问题是 20 世纪 60 年代提出来的，联合国教科文组织提出教师是一个专门的职业。1985 年，在我们的呼吁下，中国设立了教师节，倡导全社会尊师重教。但仅仅靠社会呼吁是不够的，要使教师在社会上真正受尊重就必须使教师像医生、律师一样，成为不可替代的职业。因此，1989 年我写了一篇文章《必须使教师职业具有不可替代性》。同样，为了提高教师的专业水平，我在担任国务院学位委员会学科评议组组长期间，建议国家设置教育硕士专业学位。1997 年，教育硕士开始招生，到现在，中国已经培养了几万名教育硕士。从 2013 年开始，我们国家又设立了教育博士专业学位，为教师的进一步发展提供了新的平台。

以往，中国的师范教育体系是三级体系，即中等师范教育、专科师范教育、本科师范教育。但从20世纪末开始，中国的师范教育体系经历了很大的变化，所有的幼儿园教师和小学教师都要接受高等教育，同时建立了一个教师资格考试制度。2012年，教育部颁布了幼儿园教师、小学教师、中学教师的《专业标准（试行)》。2013年，教育部又颁布了《义务教育学校校长专业标准（试行)》，同时规定每一名教师每五年都要完成不少于360学时的培训要求。所以，最近几年的教师培训如火如荼。中国的中小学教师有1 200万人，培训也分国家级的培训和省级的培训。1 200万教师这个数目非常大，想整体提高他们的教学水平，是一个非常艰巨的任务，特别是农村教师。农村条件比较艰苦，很多取得师范学校毕业证书的学生不大愿意到农村当教师。怎么吸引优秀青年到农村当教师，是我们现在面临的一个很大的问题。为了加强农村教师专业化，我们制定了城市教师向农村流动的计划。我觉得从对教师专业化的培训来讲，最重要的还是要树立一个正确的教育观念。首先，教师要热爱教育工作，热爱每一个孩子。教育作为一个国家的事业，教师负有重要的责任，只有当他们意识到这一点的时候，他们才会有动机提高他们的专业水准。教师专业化发展永远是最重要的问题之一。

尼米：谢谢顾教授为我们全方位地介绍了中国的教师专业

发展。顾教授提到教师要爱教育、爱学生事业，这一点与芬兰有很大的相似性，只有爱教育、爱学生，教师才有积极的动机。20 世纪 60 年代末，芬兰的教师专业学历也经历了从中等教育水平提升为大学教育水平的阶段。现在，所有的教师都必须至少具备硕士学位。在他们攻读硕士学位的过程中，学校不仅要教授他们教学法方面的内容，对其学术研究能力也有一定的要求。师范生必须撰写他们的硕士毕业论文，研究的选题也必须具有一定的学术研究价值。在知识型社会，我们的目标是培养每一位教师的创新能力和批判性思考能力。同时，我们还要求每一位教师有很强的实际教学能力。当然，除了学术能力和实践能力的要求外，教师还须具备高尚的职业道德。每一名教师都不仅要对学生学习知识负责任，还要对学生的个人成长负责任。尽管我们的教师已经非常满意他们在大学所接受的五年教育，但是随着社会的发展进步，他们依然需要进行在职培训，我们也为他们提供了在职培训和继续教育的机会。此外，与中国不同的是，芬兰没有教师专业发展资格认证更新制度，地方学校校长就是负责教师专业发展的重要人物，我们始终认为对教师的支持永远比对教师的监督更重要。当然，芬兰教师培养也面临着一个新的问题。尽管我们的师范生从大学毕业就已经拥有比较好的学术背景，但当他们毕业后进入一所学校成为一名新教师时，如何引导他们还是非常重要的。通常我们会指派一名老教师对新教师进行为期三年的引导，帮助他们很好地进入角色，但如何具体引导还需深入研究。

蔡瑜琢：教师不断适应新的挑战，其中一大挑战就是信息技术在教育中的应用。关于信息技术在教育中运用的优势，我们已经有很多讨论。特别想请教两位教授，能否谈谈信息技术对教育可能产生哪些负面影响？

尼米：一说到信息技术对教育发展的影响，我们通常强调的是它带来的好处，而忽略了它的负面作用。我想可能的风险包括以下几个方面：第一，因为信息技术发展得很快，所以我们的教师就必须学会利用信息技术为学生个性化的学习提供资源和学习方式。如果只有电脑，而没有良好的运用，这就不能算信息技术在教育中的运用。第二，由于信息过于丰富，因此我们的学生就必须具备一定的媒体素养，在海量的信息里识别出哪些信息是有意义的，哪些是无用的。第三，信息技术的发展本身应该具备道德感，欺辱、暴力等不良因素会影响学生的学习、生活，所以学生、教师都要加强对信息的辨别与处理，共同促进信息技术的良性发展。

顾明远：信息技术的发展及其在教育领域的应用是未来教育发展的必然趋势。信息化最大的优势是使得教学个性化、网络化及国际化，互通有无。至于负面影响，我想可能有以下几个方面：第一，缺乏人人的交流，变成人机的交流。所以，我强调教师在利用信息技术的时候要处理好以下三者——器（硬件）、技（软件）、气（人文精神）——的关系，不管用什么技术都要贯彻人文精神。第二，信息不等于知识，知识也不等于智慧。现在的很多信息是垃圾信息，年轻人可能没法辨别，我们的教师就应该指导学生如何在信息的海洋里选择与处理这些信息。第三，学生可能会迷恋电子产品，比如小孩玩电脑游戏、迷恋手机等。

蔡瑜琢：请两位教授对今天的讨论进行总结。怎么通过互相学习与合作来提高两国的教育水平、促进教育发展呢？

尼米：今天我们有机会相互学习，从教育的结构、系统和不同层次等角度进行中芬教育的比较，我作为一个大学教授和普通公民，真的希望能够建立一些中芬教育合作研究项目，比如在环境工程、学生健康等领域，我们应该开展多学科多方面的合作交流，而不仅仅是在高等教育领域。我相信我们有很多方法来促进两国的合作与学习，比如我们可以加大力度来开展联合办学项目，可以让我们的芬兰学生更加了解中国的教育体系，也可以让中国学生更好地了解芬兰的教育和社会。希望我们今后能够有更多的合作。

顾明远：从今天上午开始到现在的讨论可以看出，中国和芬兰在国情、教育体系方面有多么不同，但是培养人是有一些共同的规律和观念的，我们需要互相了解、互相学习。我觉得我们今天开启了一个很好的开始，开展交流需要一个机构和平台，组织今天对话会的坦佩雷大学中国教育研究与交流中心起到了很好的作用。我们北京师范大学也成立了一个芬兰科学教育中国中心，通过这个平台，今后双方可以更好地促进合作与研究。我来芬兰访问的时间短，有许多问题需要进一步了解，所以我们交流合作的空间非常大，我希望未来可以加强这种交流和合作。

蔡瑜琢：谢谢两位教授展望了中芬教育发展的未来和合作前景。两位教授对共同关注的一些教育问题进行了深入交流，通过对话增进了相互间的理解与认识。我们还可以通过顾明远教授的《中国教育的文化基础》、尼米教授的《无边界的教室》等著作，进一步理解两位教育大师的教育思想。

（本文由滕珺、毛霁燕、郑灵臆根据对话记录整理）

◎顾明远，北京师范大学资深教授、中国教育学会名誉会长

◎彼得·圣吉，当代最杰出的世界管理学大师

未来的教育：我们如何迈向新的时代

——顾明远与彼得·圣吉凝聚东西方智慧的跨界对话

未来的教育？
我们如何迈向新的时代
THE EDUCATION IN THE FUTURE: HOW WE ENTER THE NEW EPOCH
——顾明远与彼得·圣吉的跨界对话

彼得·圣吉（Peter M. Senge）

彼得·圣吉，1947 年生，学习型组织之父，当代最杰出的世界管理学大师之一。美国麻省理工学院（MIT）斯隆管理学院资深教授，国际组织学习协会（SoL）创始人、主席。1970 年，在斯坦福大学获得航空及太空工程学士学位。1978 年，在麻省理工学院斯隆管理学院获博士学位。1990 年，在麻省理工学院斯隆管理学院创立“组织学习中心”。1990 年，出版《第五项修炼：学习型组织的艺术与实践》。

彼得·圣吉是畅销书《第五项修炼：学习型组织的艺术与实践》《第五项修炼·实践篇》《变革之舞》《学习型学校》等的作者或合著者。1990 年《第五项修炼：学习型组织的艺术与实践》出版后，连续三年荣登全美最畅销书榜榜首，并于 1992 年荣获世界企业学会（World Business Academy）最高荣誉的开拓者奖（Pathfinder Award）；在短短几年中，被译成二三十种语言文字风行全世界。它不仅带动了美国经济的高速发展，也在全世界范围内引发了一场创建学习型组织的管理浪潮。美国《商业周刊》也因此而推崇圣吉为当代最杰出的世界管理学大师之一。

跨越过去，展望未来。2015 年 10 月 27 日，一场凝聚东西方智慧的跨界对话在北京师范大学京师学堂京师厅展开。对话双方分别是中国教育学界泰斗、著名教育家、北京师范大学资深教授顾明远先生与世界级管理学大师、学习型组织理论创始人、“2030 中国未来乡村学校计划”首席专家、北京师范大学名誉教授彼得·圣吉先生。两位大师围绕“未来的教育：我们如何迈向新的时代”这一主题展开深入的思想交流。北京师范大学副校长周作宇教授担任对话主持人。

一、 教育经历与心智模式有密切关系

周作宇：两位大师一位来自东方，一位来自西方；一位是

1929 年的教育老兵，一位是 1947 年的管理新人。在跨越两个世纪的过程中，两位大师各自在美国、在中国、在教育界引领了时代的发展，打造了理论的地基，同时又展开了思想的翅膀迎接未来的广阔空间。所以我们说，今天的对话是一次跨越时空的对话。两位先生从系统、历史的角度相向而行。一位曾经报考过清华大学的建筑系，从工程走到了教育；另一位从事管理，并从管理走到了教育。教育在两位大师身上都有深深的烙印。所以，我想请两位大师首先谈谈教育对你们自身发展的影响。在两位各自心智模式的形成中，教育起了什么作用？

顾明远：小学、中学我都是在我们国家最黑暗的年代度过的，从三年级开始到中学毕业，我国先是遭受了日本的残酷践踏、侵略，之后又是国民党的统治。可想而知，当时学校的办学条件有多么差，什么设备都没有，只能在黑板上讲实验。但是，我遇到了好老师，他们给了我很好的教育，对我影响很大。其中有一名老师，20 多岁就得了肺病，我们学生都不知道。可这名老师上课时始终神采奕奕，讲课特别生动。她是讲几何的，所以我的几何学得特别好。还有一名音乐老师，也兼任美术老师，当时也没有什么乐器，只有口琴，他就给我们组织了口琴队。当时我们的学校非常自由，搞了很多活动。我还是足球队的领队，但是没有参加过比赛，因为同学们嫌我个子矮。我们还有一个曙光文艺社，后来又办报、办杂志。我所受的教育是这样的教育。所以，我现在经常讲，学生要成长在活动中。

当然，家庭教育也非常重要。我的父亲很早就离世了，但是我的母亲对我的教育让我印象非常深刻，最主要的是，她的诚心、勤劳、谦虚、为别人着想等很多优良品质对我影响特别大。

彼得·圣吉：这个问题特别好，我以前还没有从这个角度思考过。这让我想到我受教育的经历，它相当于在我心中种下了一颗很强的价值观念的种子。

我是在洛杉矶长大的，我长大的过程中一直喜欢玩棒球。因为洛杉矶的气候好，所以我从小总是在户外玩。我上的是公立学校。您提到教育对心智模式的影响，我体会到里面有一个很微妙的东西。我们家不是特别贫困，也不是很富裕，对我们来说根本没有想过要去私立学校，所以在我的潜意识甚至无意识层面，从小就觉得教育应该是面向普通大众的。我接受的是非常主流的教育，大部分在洛杉矶长大的孩子接受的都是这种教育，这是一种非常好的教育。那时候在我的心中就种下了一颗很强烈的价值观念的种子，那就是所有的孩子都应该接受好的教育。其实我们都会有一些关于老师的鲜活的记忆，有的时候觉得这些老师在你的生命中留下了很深的印记，他们就是你生命中的一部分。

在我上七年级的时候，一名代数老师给我的印象深刻。他是一个日裔美国人，至今我都能够“看到”他的音容笑貌。他非常喜欢代数，所以如果让我不喜欢代数，那就太困难了。其实，教师是在教授你是谁、你是什么样的人，而不仅仅是在教授具体的知识。这对我们今天的教育很有启发，因为今天的教育，很大一部分时间是在强调老师如何把教学大纲规定的知识教给学生。做一个商业领域的类比的话，就相当于你要销售一件你不相信的产品，而最好的销售员永远是那些对他们的产品真正有信念、有信心的人。谈到今天的教育变革，一切都需要先回到如何培养老师成人、老师如何身体力行地体现他对学科的热爱，这可能是对学生最好的教育。

教育对我心智模式的影响还发生在我上大学和上研究生期间。我本科在斯坦福大学工程系，真的是非常幸运，我碰到了一些非常好的老师，然后我又考到麻省理工学院读研究生，遇到了我的一位导师，他就是系统动力学的创始人福瑞斯特先生。他经常说，一名教师应该是一个实验室，你只有通过行动才能有学习。这也成了我的一种心智模式，就是学习是通过心、脑、手共同产生的。我们真正深入理解一个事物来自整合式的理解，一方面它的确是概念层面的，但是另一方面它应该成为你身体反应的一部分，也就是说你能够做什么，而不仅仅是你能够想到什么。

二、工业时代“流水线”教育下，学生只能被教育、被学习

周作宇：在教育的现状中，有一些是值得继续坚守的，还有一些是需要不断改造的，需要改造的就是现在教育中存在的问题和弊端。请两位大师从各自对所在国家教育现状的观察、长期积累的教育智慧，对教育现状做一个点评。

顾明远：教育是文化的一部分，中国的教育与西方的教育既有相同的地方，也有很大的差异。相同的地方是培养人，人的成长有一定的规律，培养人也有一定的规律。但差异是有不同的文化背景，所以很难说哪个国家的教育好、哪个国家的教育不好。教育需要借鉴。

就中国来讲，现在教育的最根本的问题在于教育观念相对落后、陈旧，培养模式也相对落后。我们还不像彼得·圣吉先生所讲的那样，能够充分认识学生的能力，还没有真正把学生放在学习主体的地位，充分发挥学生的主动性、积极性，也很少注意到学生的差异。我曾经提出，要把学习的选择权还给学生。现在我们的学生往往是被教育、被学习的。特别是家长让孩子盲目地上各种补习班，学生并不一定喜欢，所以我特别强调，没有兴趣就没有学习。只有有兴趣才能把学习积极性调动起来，这是最好的方法。一个人做任何事情都有动机在驱动，

既有内部动机，也有外部动机。外部动机就是考试的压力或者是父母的压力、奖励，这种外部动机很容易消失。内部动机就是对每门课的兴趣、爱好，我们现在的孩子缺少这种兴趣爱好，所以学生填报的大学专业往往不是自己的志愿。不少孩子进入大学以后就想转专业，为什么？因为他觉得这个专业并不符合他自己的要求，往往这个专业志愿是父母的甚至是爷爷奶奶的“志愿”。这样不能培养出人才。从中国的教育来讲，首先要改变教育观念，培养的模式要转变，要让学生动手、动脑，在活动中亲身体验学习的乐趣、学习的成就。当然，我们现在正在进行改革，有很多好的经验，也有好的学校、好的校长、好的老师，他们有改变的愿望和热情。

彼得·圣吉：20年前我被邀请做一个发言，邀请我的是耶鲁大学毕业的科莫先生。当时，我开始思考工业时代对于现在的教育提供了怎样的大背景，我们人类又是怎么学习的。

首先，所有的学习都是在行动中发生的，这是显而易见的。大家想想你是怎么学走路、学说话的呢？学走路要先试着走几步，学说话是从说不清楚开始的。你试着用筷子吃饭，刚开始你没办法把食物送到嘴边。所有学习都来自行动，可以确定的是，开始学的时候一定会犯错，所以说学习就是一个不断试错的过程。

其次，就是刚才顾教授提出的，没有兴趣就没有学习。学习者要去学习他想学的东西，这是非常重要的学习原则。顾教授也提到，动机是复杂的，在我们小的时候，来自外在的动力非常重要，我们希望老师、家长喜欢我们。如果你问一下，我学走路是不是为了让爸爸妈妈高兴？还是说，我学走路就是因为我想走？这时候，你就能很快区分内在动机和外在动机有什么不同。

最后，学习是社会化的过程。学习是为了个人的成长与发展，同时，学习也有一个更大的关系背景，因为人是在社会关系当中学习的。无论是在美国、中国，还是在哪里，在世界不同的文化背景下，当我们学走路的时候家长在做什么？他们有没有尝试去教你走路的知识？家长是不是很自然地鼓励孩子说“真好”“太棒了”？正如顾教授所说，这种关怀的环境、支持的氛围是至关重要的。

这些方面是相关的。学习是一个试错的过程，当然你需要一个关爱的氛围，因为我们学走路的时候肯定会摔倒，但是我们不想摔倒。所以，关爱和支持的环境之所以非常重要，就在于它支持你、允许你去犯错。当你想到这些时，再对照工业化时代的教育体制，你就会觉得非常奇怪。在工业化背景下的教育体制里发生的一切教育行为，与我们对于学习的天然理解都是背道而驰的。我们让学生坐在椅子上不能动，老师会不断强调静下来、不要乱动。其实，在这种情况下是不可能有学习发生的。另外，如果有人犯了错误，我们就会说这意味着失败。我们在非常微妙地、慢慢地教孩子们谁是聪明的、谁是笨的——“因为你犯了很多错误，所以你不聪明”。

工业化时代的学校教育，其目的根本不是学习，而是去训练工厂里工作的工人。十一二岁的孩子上完学，是要去工厂工作的。这个工厂里不需要学习者，需要的是高服从性的工人。如果观察学生与老师之间的互动关系，你就会发现，在工业化时代的学校，老师与孩子们之间的关系并不是老师与学生的关系，而实际上是工厂监工与工人的关系：工厂监工负责流水线的运转，监工的主要工作就是让这个流水线可以运转下去。也就是说，你必须按照时间把你的教学大纲都学完，今天学什么、明天学什么，其实这就是一个流水线。之所以我们的教育是这样的方式，是因为它背后最初的设计就是这样的。在全球范围内大家都意识到，工业化时代的教育体制、学校不是我们今天需要的教育体制、学校，所以当顾教授提到现在的教育改革正朝着一个比较正向的方向发展时，我感到备受鼓舞。

我还有一点反思，从学校体系出来的学生已经很长时间不用毕业以后就去流水线工作了，就算我们到一些大型的制造业企业去工作，现在的流水线工作和 200 年以前的流水线工作也已经完全不一样了。所以，真正的问题在于为什么 200 年后的今天还在用这种教育方式。对于今天的教育者来说，我们的教育系统为什么如此顽固？到底我们可以做出什么样的改变？

三、教育是在一个社会背景下产生的，跟文化有密切的关系

周作宇：两位大师都有深厚的文化基础。顾先生在20世纪90年代就研究文化和教育的关系，彼得·圣吉先生在十几年前开始关注中国文化，特别是和南怀瑾先生有过多次对话。两种文化在碰撞的过程中有很多值得我们进一步探讨的问题，下面请两位大师从社会学、社会分层、社会竞争、文化基因等角度，谈谈工业化时代的教育弊病以及产生的根源。特别是，在国际化、全球化的背景下，教育的未来可以从哪里找到突破口？

顾明远：这个问题很大，几句话很难说清楚。刚才彼得·圣吉先生主要谈了工业化教育的弊端，我认为，中国教育的问题，有工业化教育的弊端，也有部分封建思想的影响。我经常讲，教育是在一个社会背景下产生的，跟文化有密切的关系，所以教育观念落后也跟我们的社会和文化有关系。就教育论教育是说不清楚教育问题的，必须从教育的文化背景以及政治经济背景出发来理解。

刚才彼得·圣吉先生说到工业化时代的教育系统十分顽

固，200 年来几乎都没有变化。有人说过这样一个笑话，说工业化时代初期的人都死了 200 多年了，如果现在醒过来，一看世界都变了，没有变的就是两个东西，一个是教堂，另一个是学校。现在为什么没有变化？就是跟我们的文化传统有关系。

我们国家的教育不仅有工业化的教育，也有封建思想的影响。比如“学而优则仕”，我们从来没讲过“学而优则工”“学而优则农”，很多家长都希望孩子读书做官，当然这个“官”的概念今天要扩大一些了。因为公务员比较有社会地位、有权力，工作比较稳定，所以大多数家庭都在追求。

当下存在一些攀比现象。现在上大学的机会比起我们那时候应该说多很多了，但是为什么教育竞争还那么激烈？因为大家都想上重点大学，特别是想上清华、北大。这其中就有攀比观念的因素。我们的大学也是这样的，全国的大学都想办成清华、北大，专科想升本科，本科都想搞世界一流，但哪有那么多世界一流大学？如果都是世界一流大学的话，也就没有世界一流大学了。这种攀比现象应该引起我们教育者的关注，并且改变这种观念。

为什么我要研究教育与文化的关系呢？我是研究比较教育的，我发现同样是经济发达国家，或者同样是资本主义国家，它们之间也有很大不同，欧洲大陆的教育和美国的教育就有很大的不同。但是像日本和中国，教育也有很多相同的地方，中国讲考试第一，日本也是，日本的孩子也上补习班。为什么日本和中国（包括韩国）的教育观念有很多相同的地方呢？这里就有一个东方文化圈的文化影响。

因此，当我们讲弘扬传统文化时，一定要加上“优秀”两个字。优秀的传统文化可以促进教育的现代化，同时我们也要认识到我们文化里的缺陷，这样才有利于我们现代化的进程。什么叫文化自信？就是我们要有自知之明，知道我们优秀的地方在哪里。不要什么都是西方好，不要虚无主义。同时，也要知道我们的弊端在哪里，只看到优点看不到缺点也不能说是文化自信。我们要自强、自信，同时要用自信来改正我们的缺点。

四、相信孩子的力量，相信教育的力量

周作宇：我们再请彼得·圣吉分享他的教育社会观、教育文化观。

彼得·圣吉：这真的是一个很大的问题，也是一个非常好的问题。刚才顾教授讲的一点我非常认同，就是教育和文化是密不可分的。在某种意义上，如果我们想去看这个国家、这个地区的文化怎么样，看看那里的教育就知道了。

在这个问题上，我经常会从另一个角度来看，就是我们的

文化需要什么样的变化。虽然文化是有很古老的根的，但文化也是鲜活的，是在不断变化的。我有一个美国朋友，他 1983—1985 年住在上海，中文说得非常流利。2010 年，这个朋友再回到上海，他觉得他已经不会讲中文了，因为现在的中文比起 20 世纪 80 年代已经变了很多。所以说，文化是流动的，是不断变化的。就像语言，它也是文化的一部分。从某种意义来说，我们可以跳出一步来看，就是到底未来我们想怎么生活？我们希望我们的文化有怎么样的转变？而这个转变对于现在的教育又意味着什么？

可以说，今天推动文化的一个重要力量是商业的力量。大家都能看得到，孩子们很快就会觉得教育的终极目标就是让我们挣很多钱，然后买房、买车，他们的家长可能希望孩子当官。但是我在观察中发现，还有一种很微妙的东西存在。除了我们可见的商业化带来的表层影响，今天孩子们对这个世界当前的状况是有他们的意识的。这些孩子是真正在这个世界中成长起来的第一代，这在之前是没有发生过的。今天这一代孩子不是在北京长大、在中国长大、在美国长大、在欧洲长大的，而是在全世界长大的，所以他们看得到这个世界的种种问题。

过去十年，我经常做的一件事情就是主持学生对话，让学生共聚一堂，让他们开始聊，然后我们大人来听。顾教授刚才也提到，教育的主体是学生。首先我们发现的是，这个活动对大人来说很困难，让大人能够真正静下来听太难了。因为老师的第一反应就是想控制，他们想主导这个对话过程。所以，我们必须做一个规定，就是要求学生坐在里圈，老师坐在外圈，但是至少 1 个小时不允许老师发言。然后，老师就会坐不下去了，这就意味着老师也会有学习的空间。

我经历的这些学生对话都在西方，所以我不应该大而化之。但我猜测，在中国也好，在西方也好，其实是差不多的。学生们总会有一些他们关注的话题，如贫困。学生们看到这个世界上有特别富的人，同时又有特别穷的人，他们不理解的是为什么没有人针对这个问题做任何事情。另外，他们也总会提到我们的环境、气候的变化。他们也不理解为什么成年人没有做更多。他们反复提到的一点是，似乎成年人并不是很关心他们的未来。我们可以看到，在这样的世界中成长的学生，他们对当今世界的认知是非常高级的，甚至有些认知比老师的还要深刻。

所以当谈到文化的时候，我们不得不问对于文化，到底需要做哪些改变。因此，我也认同顾教授提到的中国传统文化中非常重要的基石，就是人与自然的和谐。这不仅对中国人很重要，对全世界的人都很重要。人与人之间的和谐也不仅对中国人很重要，对全世界的人都很重要。所以，没有人能够说他可以使文化发生改变，因为文化不是一个独立的机器，可以重新编程。真正能推动文化深层改变的，是我们对问题的深入理解。在某种意义上，能够让我们的理解发生改变、让文化发生改变的力量，往往来自系统的边缘。

在今天的时代背景下，促进文化变化还有另外一个重要的力量，就是孩子。顾教授谈到学生作为教育的主体，这一方面从教学法的角度来看很重要；另一方面，对于我们的文化如何进化也是至关重要的——我们需要去聆听孩子们的声音。

顾明远：我非常赞同彼得·圣吉先生讲的文化是动态的，我在我的书里也讲到文化有它的顽固性、凝固性，同时也有它的时代性，文化是不断变化的，而且我们要不断创造新的文化，尤其要靠我们年轻的一代。新世纪出生的年轻人和我们不一样，他们比较开放、开朗，有创新精神，我相信我们年轻的一代可以在继承我们优秀传统文化的基础上，创造出一些新的文化。

彼得·圣吉：刚才说我们可以互相提问的时候，就有一个问题跳入我的脑海——我们如何能够更好地共事？一方面是指我们两个人的层面，如果跟您有这样持续不断地共事的机会，我会非常荣幸。同时，我们两个国家之间或者是两种文化之间如何能建立更好的共识？我觉得孩子们早就准备好了，如果我们能把这个编织到全球化的环境当中，那么意义会很不同。

顾明远：我们这次对话就已经有很多共识了，得到共识就是靠对话。我们最主要的一个共识的基础，就是我们都想培养未来的人。我们的教育都在为未来社会做准备，所以我们的目标是一致的。在这个一致的过程中，我们通过各种活动来得到共识，得到的共识需要在活动中实现。对学生来说，他们的成长发生在活动当中。我们通过多种活动，为了同一个目标，有一个共同的愿景，进行对话和讨论，就可以更好地研究我们的教育今后的出路在哪里。同时，我们也相信这个最好的出路还在于现在受教育的这一代人。我们要相信学生们可以掌握自己的命运。

当然我没有否定老师的主导作用，就像刚才彼得·圣吉先生讲的，老师起的作用是提供一些工具，我的理解就是要为每一个学生设计适合他学习的环境——老师是一个设计者。同时，老师要使学生在信息海洋中不迷失方向，这就是说老师要成为一个指导者。我们要相信学生自己能解决他们遇到的困难，但是有些地方我们还是要帮助他们。虽然孩子们在走路的时候摔倒了，他们自己会爬起来，但是有的会受伤。这个时候我们就要扶他们一把，所以老师也是学生的帮助者。还有就像孔夫子讲的，教学相长，在当今知识爆炸的时代，老师要成为跟学生共同学习的伙伴。我认为当今的老师应该是一个设计者、指导者、帮助者以及和学生共同学习的伙伴。

五、将学习的选择权还给学生，让年轻一代发声

周作宇： 我们这次对话的主题叫“未来的教育：我们如何迈向新的时代”。刚才两位大师的对话也讲到了过去、现在和未来。未来是全球化的视野，教师是未来的设计者、帮助者。当今世界有很多共同的问题，比如环境污染、全球变暖等等。过去，彼得·圣吉先生也在可持续发展方面投入了巨大的精力。虽然我们说未来是孩子们的未来，但是成年人不能不动，也要有所作为。我想请两位大师抒发一下对未来的情怀——对于未来，当前的教育能做什么？

顾明远： 我觉得当今的教育就是把选择权还给学生。我相信我们能够解决时代的难题，我们的责任就是让学生真正发声。我们的教育应该有更多学生的声音。要做到这一点，整个学校有责任，老师有责任。

倾听学生的声音，并不等于我们放任自流。老师和学校还要发挥指导作用。另外，我们相信学生自己会制定一些规则来控制自己的行为，他们自己会进入这样的规则，并按照

这些规则办事。所以，我们要相信他们，并指导他们、引导他们。

周作宇：顾先生刚才讲的是一个非常经典的概括。他讲到没有爱就没有教育时，对爱有一个阐释，说爱是需要信任的，没有真诚就没有信任。对孩子是这样，对成人是这样，对同族是这样，对其他民族也是这样，所以信任非常重要。彼得·圣吉先生有一个“1.5个地球”的说法，说我们现在的地球容纳着1.5个地球的人，所以地球是超载的。那么，我们未来究竟该怎么办?

彼得·圣吉：现在，我经常在中国和美国之间往返，这样的往返已经十六七年了。是不是我们也需要启动这样的项目？让老师、学生这两个群体在中美之间往返和交流？因为孩子是我们的大使，让我们的世界更有连接感。我们需要明白这种生物角度的连接，也许比文化上的连接更强，因为我们天然地更关心孩子。所以，可能这是加速我们新时代教育的切入点。我们如果要更好地共同工作，就要一起创造共同工作的机会。

周作宇：我发现，彼得·圣吉先生在回答问题时用了很大的留白，当涉及核心内容时就给我们留下思考的空间。这可能就是学习型组织的模式，一切都在我们的想象中。刚才他讲到，国家与国家之间如何解决信任问题，战争如何消除——需要信任。我们是一，还是多？是你我，还是我们？如果能够跳出各自局部的利益，从人类共同拥有一个地球来考虑，我们就会取得激动人心的结果。

（本文由滕珺、毛霁燕共同整理而成）

◎顾明远，北京师范大学资深教授、中国教育学会名誉会长

◎彼得·圣吉，当代最杰出的世界管理学大师

面向未来的教育如何定位教师角色与价值

——顾明远与彼得·圣吉凝聚东西方智慧的再次跨界对话

学为人师
行为世范

2016 年 10 月 20 日，中国教育学界泰斗、著名教育家、北京师范大学资深教授顾明远先生与世界级管理学大师、学习型组织之父、北京师范大学名誉教授彼得·圣吉先生再度聚首北京师范大学，又一次展开凝聚东西方智慧的跨界对话。两位大师围绕“更好的教师、更好的未来：塑造面向 21 世纪的新教师”这一主题展开了深入的思想交流，共同探讨教师发展与转型的方向、路径等问题。本次对话由北京师范大学高级管理者发展中心执行主任赵实主持。

一、教师要做学生的引路人，教育的终极目的是学习者的成长

赵实：前几天，我们通过“WE 教育”[①]做了一个小型的网

络调查，让网友选出一个词来比喻教师的角色，如蜡烛、灵魂的工程师等。从我们收到的300份答卷来看，绝大多数教育工作者倾向于用“共同的学习者”来比喻教师，而非教育工作者则更多地选择了“引路人”这个选项。请问两位先生，你们又会选择哪个词来描绘你们心中的教师形象呢？

顾明远：我认为教师是一个引路人。今年教师节期间，习近平总书记在北京市八一学校讲话时指出，教师要做学生锤炼品格的引路人，做学生学习知识的引路人，做学生创新思维的引路人，做学生奉献祖国的引路人。我非常赞同这个观点。在传统教育里，教师是知识的载体和权威。然而，在当今的互联网时代，学生可以通过各种渠道获取知识，师生关系发生了很大的转变。有些人因此认为教师可以下岗了，但我认为教师不会消亡，因为我们依旧需要教师为我们引路。2015年联合国教科文组织发表的《反思教育：向“全球共同利益”的理念转变?》也提出了类似的观点。

以前我也曾提出教师应该成为一个设计者，为学生的学习设计一个最适合他们发展的教育环境。教师也是一个指导者，要指导学生获取有用的信息。现在学生获得信息的途径很多，但有些信息是无用的或者有害的，那就需要老师来指导学生去伪存真。老师又是一个帮助者，无论学生是在学习方面还是在其他方面遇到了困难，老师都需要为他们提供帮助。此外，老师也是和学生共同学习的伙伴。引路人实际上也包含了设计者、指导者、帮助者、共同学习的伙伴四层寓意。

彼得·圣吉：在听到顾老的答案之前我已经把我的答案写下来了，我写的也是引路人。我觉得很有趣，原来我们的意见是如此惊人的一致。通过这个问卷可以看出，我们共同感知到了教师角色的转变。教师这个角色在未来肯定依旧非常重要，这毫无疑问。我也非常同意刚才大家提到的这些观点，但我觉得这里有一个小问题。传统的教育是以教师为中心的，如果说得更宽泛一点，那么传统的教育系统是由成年人设计、实施的系统，而孩子们则是受体。因此，我们往往过多地把关注点放在了教师身上，而没有放在学习者和学习者的体验上。学习者是如何评估自己的学习的？我们如何把持续的关注点放在学习者身上？如学习者的体验、学习者的热情、学习者如何去学习。所以，我想表达的是，我们想要更好地教学，但教学只是手段，而不是目的。真正的目的其实是更好地学习，以及发展学习者自我学习的能力，也就是成长、进步的能力。传统的教育系统往往强调更好地教学，而实际上我们终极的目的是学习者的成长。

顾明远：我非常赞同彼得·圣吉先生的观点。我在 1980 年曾写过一篇文章《学生是教育的主体》，引起了很大的争论。很多学者提出，如果以学生为主体，那么把教师放在哪儿？其实我并不是否定教师的作用，而是像彼得·圣吉先生刚才所言，我们过去主要把注意力放在教师身上，而很少想到学生自身能力的发挥。以学生为主体，就是说我们的一切教学工作最后要落实到学生身上，要经过学生的自我内化，内化为他们的思想、品德、知识、智慧。所以，当年我提出的这个观点和今天彼得·圣吉先生讲的是一致的。这也不奇怪，这个话题其实很普遍。因为，教育的规律是相同的，学生成长的规律是相同的。我们教育的结果都体现在学生身上，是要充分发挥学生的潜在能力。在我们上次对话时，彼得·圣吉先生就很强调学生自己的能力，他认为我们往往低估了学生自己的能力。我第一次见到彼得·圣吉先生是在一个国际学校，他当时说，学生自己能解决的问题，我们却总是让教师来解决。我认为在这个问题上，我们有着相同的思想。

二、教师作为引路人，不只是指导学生获得“已知”，重要的是教学生探索“未知”

赵实：对于未来的教育，教师最重要的转变应当是什么？

彼得·圣吉：刚才让我用一个词来形容教师，我写了引路人。后来我又思考了一下，这个引路人的意思其实是双重的。一种是我知道答案，我试图把学生引导到我已经知道的这个答案上去。然而，当我写下引路人这个词的时候，其实在我的想象中，它是指我们一起探索未知。引路人会比我们更有经验，但这并不意味着引路人就必须知道答案。因此，如果让我总结未来教师转变中最深刻的一点，那么我的回答将看似是悖论，那就是在我不知道的情况下去教。

我如何去教我不知道的东西呢？我想方法就是引导。对于教师而言，他们首先应当摒弃这样一种成见，那就是作为教师，我必须知道一切答案。作为教师的我们都会有这样一种预期，那就是在这个学科领域，我应该是一名专家。然而，正如刚才顾老师所言，由于知识的普及，大家不通过学校和教师就可以获取非常多的知识。那么，如何让学生有热情，让学生想去学校呢？他们必须可以在学校和教师那里学到一些在网上学不到的东西。他们是去探寻，而不是直接去找某个已知的答案，因为有些问题可能没有答案。而在这个过程中，学生的确需要引路人。我刚才在纸上写下来的引路人应当是这样的意思。

这些说起来容易，但要我们真正放下自己必须知道一切以及专家这样的角色期待的确很难，不过我有幸看到很多教师发生了这样的转变。有一名教师已经从教 10 年，可谓专家，而另一名教师刚从教两年，算是初学者。这名年轻教师在与年长教师交流时说道，当他回到自己的班级，发现学生们分成了小组，课桌也不再是整齐排好时，感到非常害怕，如果这些学生都在自己小组里讨论，那么他们可能会讨论出一些他答不上来的问题。那名年长的教师则回答：这种恐惧是情理之中的事，但你最终会让学生们来帮你。当你再次因不知道答案而感到不知所措时，其实你可以分享给你的学生，而当你感受到他们对你的支持和帮助时，你的心扉也就敞开了。我认为，当教师做到这一点时，他们将对教育更有热情，他们将对自己的教师这一个角色产生更大的幸福感。

顾明远：彼得·圣吉先生讲的这个例子非常有意义。我讲的引路人，包括习近平总书记讲的引路人，主要是讲引导方向的问题，而不是讲具体让学生怎么学习、怎么做。我听过许多教师的课，他们往往提出问题，然后让学生按照他们的答案来回答。这不是引路人，是指路人。曾经有一位上海的老教育家给我讲过一个故事。他说有一次去听一名特级教师的公开课。教师提出问题后，学生很积极地回答，当回答出这名教师认为满意的答案时，他就不再让学生回答了。但有一名学生依旧举手想回答，这名教师非常“有经验”，他走到学生身边把学生的手放了下去。然而这名学生还是要举手，教师不耐烦了，直接把学生的手打下去了。结果，这名学生还跑到讲台上举手，教师又把他的手打下去了，后来这名学生朝后面做了一个鬼脸。我们过去总是提出问题来，直到学生给出我们满意的答案。我觉得这种教学方法就是我们过去常用的，可以说是传统教育常用的方法。这种方法不能培养学生的创造性思维和创造力。这位老教育家说评课时很多教师认为这位教师讲得非常好，但是他认为这堂课是最不好的。学生要提问，他提出来的想法与教师的想法不相同，教师应当让大家讨论到底哪种想法是对的，而不是像这样不让学生发言。这不就是压制了学生学习的积极性吗？下次上课这名学生可能就不会再发言了。

我们的传统教育里有很多这样的情况。有一名教师做过一个调查，发现小学低年级的孩子提问的次数比五六年级的孩子要多。五六年级的孩子为什么反而不提问题了呢？孩子到了中学就更不提问题了，这说明什么？说明我们的教师不是以学生为主体的，而是以自己的教学为主体的，不需要学生提问。因此，我们现在提倡以学生为本，让学生来发现问题、提出问题、讨论问题，自己来解决问题。刚才彼得·圣吉先生讲我们的教师要有一种这样的心态，就是要把未知的知识教给学生，确实是这样的。

大家都在讲未来教育，未来教育是什么？未来教育是为未来社会培养人，教育的事业就是未来的事业，现在中小学的学生十几年后会走向社会。十几年前的孩子生活在什么样的时代？现在的孩子生活在什么样的时代？当年我们能想到拿着一部手机就可以走遍天下吗？完全无法想象。再过 10 年，我们的孩子生活在什么样的时代我们能预测到吗？虽然我们对未来社会的变革很难预测，但有一点是可以预测的，就是科学技术是在不断进步的，我们的思维要不断地跟上这个时代。亚太经合组织曾经发表过一份报告，提出我们要培养未来公民不定式的思维方式，这就是说，面对不同的情况，我们不能只有一种思维方式。因此，彼得·圣吉先生讲教师要学会把不知道的东西教给学生，让学生去探索，这才是我们未来教育的一种方向。

三、标准不等于标准化，个性化不等于个别化

赵实：我们过去是标准化的教育模式，未来可能更加量体裁衣。然而，规模化与定制化之间是存在冲突的，我们应当如何去平衡二者？

彼得·圣吉：这是一个很复杂的问题。平衡不是静态的。我站着的时候实际上处在不断地平衡中，这是一个进行时，而不是说我就是平衡的。接下来我要讲的，跟英文用语习惯有关，我不知道在中文里应怎么理解。在英文中，“标准”（standard）和“标准化”（standardization）是两个具有不同含义的词。比如，当我们说我们希望学生可以达到一个什么样的状态或者什么样的结果时，这就是一个标准。这些标准是广泛

适用的。我们希望所有的学生都能够达到这样的标准。然而，标准化在英文里则更多地强调通过统一的步骤、流程，使所有人最后都变得一样。比如，生产这个麦克风的厂商有一个标准化的生产流程，因此这两个麦克风看起来一模一样。但是在我看来，这对教育而言就是一种灾难，因为我们不想被教成完全一样的学生，而是希望通过教育成为我们本来的样子。我认为，所有教育最根本的一个原则就是让每个人都独一无二。因此，我们可以有一个普遍的标准，希望我们的学生具备一些共同的素养，达成一些共同的目标，但我们不应通过标准化的流程让他们说一样的话、想一样的事，最终变成一个样子。

关于个性化或者定制化，其实我也有些疑惑。在美国，个性化有可能是说让每个学生都得到他们想得到的。这听上去有点像营销理念，但它其实是说让每个学生来学校上学时都能学到自己想学的。作为教师，我们需要一个标准，但我们要顾及每个学生的特质。毫无疑问，这需要教师在每一名学生身上投入更多的时间，那这些时间从何而来呢？这是在实践中会遇到的很现实的问题。就我的观察而言，能做到这一点的教师往往会在传授标准化课程上少耗时间，而拿节约出来的时间去关注每一名学生。

顾明远：虽然标准是要有的，但是这个标准也未必就不可变动。现在我们提倡课程的多元化，提倡减少必修课、增加选修课，就是要求这个标准可以不同。个性化不等于个别化，个性化主要是适合每个孩子的心理、生理特点，充分发挥他们的潜在能力。我们知道孩子从生下来就是不同的：天资不同，身体基础不同，家庭环境不同，所处的城市也不同，所以我们在教学过程中一定要考虑到这种不同。个性化并不等于个别化，并不等于量体裁衣，这是两个概念。现在是互联网时代，我们都在提倡个人学习。其实个人学习也不能离开集体学习，《反思教育：向“全球共同利益”的理念转变?》也提道，学习既是集体的事情也是个人的事情，学习不可能是一个人孤立地关在屋子里学习。我曾看到过一个报道，说有一个孩子被关起来读经，读了十年的经连汉字都不会写。这种学习方式是不可取的。学习还是要在集体当中进行，要和同伴共同探讨。所以我认为，个性化不能绝对化，不是个别化、孤立化。

现在我们对个性化的学习有一些误解。我们要培养学生的创新思维和创新精神，但要注意的是，创新不能光靠个人的臆想，而是在和同伴交流、共同学习的过程中形成的。现在，我们也需要培养学生的团队精神，通过团队合作来创新。如今的科学技术发展已经不是一个单独的学科就能够支撑起来的了，而是需要多种学科综合发力，所以需要团队。2016 年，天宫二号成功发射的背后，有多少人在为它服务？虽然这里面也有标准，但是每个人自身都是不同的。所以，什么叫标准化？什么叫个性化？我认为要有一个正确的认识。作为教师来讲，要让全班学生达到国家的课程标准，这是正确的。但是有些学生语言天赋很好，那教师也可以给他提供更多的资源，提出更高的要求。有些学生可能在语言方面相对薄弱，那教师帮助他达到基本标准就可以了。教师掌握好这个度至关重要。

四、教师要善于合作，勤于反思，坚持学习

赵实：面向未来转型，两位先生有没有什么建议可以给教师？他们如何为未来做准备？

彼得·圣吉：有些教师在职业生涯中之所以能够不断精进，往往是因为他们有一个非常好的同伴学习网络。比如，你在教学方法上有一些新的尝试但没有成功，当你有这些小小的挫败时，需要有同伴听你倾诉、和你交流。因此我们就发现，那些能够持续创新的学校往往都存在着正式的或非正式的教师间合作网络，而这在很多时候取决于校长是否能够创建这样一种空间和氛围，让教师们去合作和对话。我们称之为反思空间。

顾明远：面对未来的挑战，我觉得第一就是要反思自己的教学。我经常提四条教育信条：没有爱就没有教育，没有兴趣就没有学习，教书育人在细微处，学生成长在活动中。我是小

学教师出身，到现在已经有 68 年的时间了。我在北京师范大学附属中学当了 4 年教师，在北京师范大学第二附属中学当了 3 年校长。我经常说的这几句话都是从失败中总结出来的教训，并不是我的所谓“成功经验”。面对未来，教师要不断反思自己的教育行为，想想自己的教育是对孩子的成长有好处，还是误人子弟。

一名好的教师，首先是有激情的，热爱教育工作，看到学生就有这种激情。此外，当教师要有一定的悟性，还要有一点童心。那怎么能有悟性和童心呢？答案就是不断学习，提高自身的文化修养。我们的继续教育学院每年都有中小学教师国家级培训计划（国培计划）。过去是培训怎么应付考试，怎么让学生提高考试成绩。我觉得培训计划应该宽广一点，首先要读读历史，知道过去，想想现在，然后再谈未来。过去鲁迅讲读书有两种，一种是为了搞好自己的专业，另一种是为了自己的兴趣，提高自己的素养。我认为这两种都需要。我们需要不断学习本学科的知识，因为现在学科发展很快。我过去学过俄语，但现在听不懂了，因为产生了很多新词汇，缺乏学习。即便是我们的汉语，现在的很多网络用语我也不会，也需要不断学习，跟学生沟通你不会网络用语可不行。除了本学科的知识，我觉得为了提高自己的修养，教师也要学习其他学科的知识。我经常讲数学教师是不是也应该学点文学、美学、艺术？

教文科的教师是不是也应该看一些科普读物？虽然不用求精，但不能一无所知。虽然我是学文的，但我也很关心科学技术的发展。读一点书后，真正提高自己的修养，提高了修养就会有悟性，就会悟出一些道理来，从而改进我们的工作。面对未来，我认为唯一的方法就是学习——不断学习，终身学习。

五、充分信任教师，放手让教师自己去创造

赵实： 教师身处于一个教育系统之中，这个系统包含政府、社区、校长、家长等要素。为了促进教师的转型，大的系统应当做怎样的变革与调整？

顾明远： 首先我们的师范教育需要改革，要接地气，要多联系实际。此外，我们要真正形成尊重教师、信任教师、依靠教师的社会风尚。我觉得现在我们的社会还没有真正形成这种风尚。我们的家长对教师不是很信任，有些领导对教师也不是很尊重、不是很信任。2015 年 5 月我访问了芬兰，他们的教育水平很高，最大的特点就是教师能受到社会尊重。他们教师的工资跟别的职业相比也不算高，但芬兰人愿意当教师。坦佩雷大学的教师专业招生是从 10 个里面选 1 个。因为芬兰是个高福利国家，社会比较安定，人们在物质上没有什么太大的追求，但他们追求精神生活，而当教师对于他们而言是一种精神

生活，能受到社会尊重，得到社会信任。因此我还有一个建议，就是我们要放手培养教师的自信心、自尊心，放手让教师去干。几年前我曾在《光明日报》上发表过一篇文章，借用《道德经》的思想，呼吁“不言之教”。教育局局长无为，学校才能有为；校长无为，教师才能有为。所谓无为不是说什么都不要做，而是不要过多地去限制教师。芬兰学校的校长也讲他们充分信任教师，让教师充分自由地教学，放手让教师自己去创造，而不是限制教师要这样教、那样教。比如教师培训应当以教师为主，让教师自己来选择，而不要把培训变成“被培训”。现在有些教师就是为了完成培训的任务不得不去听课，“被培训”的原因就在于他们自己对于培训内容没有兴趣。

彼得·圣吉：顾老师刚才提到芬兰教育，那我也谈谈芬兰。芬兰是一个小国，无论是跟中国相比还是跟美国相比都有很大差异。我们跟芬兰有一个教育实践合作项目，有20年了。借助这20年的合作，我也有机会深入了解他们在教育创新方面的一些做法。这个机构叫作团队学院（Team Academy）。它旨在培养想从商的学生。这个机构像是一个商学院、管理学院，但是没有一名教师。这个学院是让三四名学生组成一个团队，通过亲自创业来学习创业。然而，这里的学生有一个广纳全国商界精英的导师数据库（mentor database）。当学生在创业过程中遇到某个特定问题时，可以通过这个数据库去向相应领域的商人求教。比如，团队建设方面存在困难，他们就可以找相应的导师来指导他们怎么更好地打造团队。他们通过从事真实的管理活动去学习管理，通过从事真实的营销活动去学习营销，通过打造真实的团队去学习团队建设。虽然四年学习时间结束之后，他们也需要通过考试并且获得学位，但是他们在这四年中接受的训练并不是为了这场考试，而是为了学习他们在工作中真正需要的知识和技能。这是一种创新性的、颠覆性的模式。或许那些商学院的教授会对此嗤之以鼻，因为这个学院压根儿就没有教师。然而这个模式实际上非常成功，在芬兰得到了很好的推广，而且在世界各地都有很多分支。

为什么这种模式会成功？作为教育工作者的我们可以从中得到什么启示呢？第一，这所学院看似没有教师，其实有很多教师，比如刚才提到的那些带领年轻人一起创业的商人；此外还有很多的教练（coacher），有的属于全职，有的则是来自全国各地的志愿者。第二，这里的学生不是在课堂中学习，而是在真实的场景中学习他们想要学习的东西。第三，这种模式很好地实现了个人学习与集体学习之间的平衡。因为这所学院是团队学院，旨在培养团队企业家（team entrepreneur），它是通过团队合作获得成功的。

首先，这个例子启示我们，每个人不仅都有可能成为教师，也都能成为学习者。团队学院面向的是 20 ~ 25 岁的年轻人。那对于7～8岁的孩子而言，我们又当如何让家长、社会共同参与到学校这个社群中来呢？我们如何共同参与孩子的教育呢？我们现在的教育是比较孤立的，学校就是学校，跟社区是分割的。其次，我们应当思考如何建设中学，如何让学生在真实的场景中学习真正感兴趣的东西。对于8岁的孩子而言，他们真正关心的是什么？我们作为教育工作者可以做些什么来帮助他们解决这些问题？我们又如何帮助他们相互合作？最后，无论是学习还是教育，目的都要指向促进社会不断进步。孩子也关心这个世界，他们也想为增进家人的福祉做出自己的贡献。因此，我认为学校应当成为一个共同改善我们所处世界的家园。这并不意味着要抛弃数学、科学、阅读、写作这些课程，而是要让学生在真正有意义和有兴趣的场景中去学习这些内容。

（本文由北京师范大学国际与比较教育研究院
丁瑞常根据对话记录整理）

◎顾明远，北京师范大学资深教授、中国教育学会名誉会长

◎O. B. 苏霍姆林斯卡娅，乌克兰教育科学院院士

把心灵献给孩子

——顾明远先生与 O. B. 苏霍姆林斯卡娅女士对话

高端对话
把心灵献给孩子
顾明远
北京师范大学资深
中国教育学会名誉
明远教育书院
学附属小学
斯卡娅
科院正式院士
席团学术总干

O. B. 苏霍姆林斯卡娅

O. B. 苏霍姆林斯卡娅是乌克兰教育科学院院士，教育学博士、教授，担任乌克兰卢甘斯克国立大学、乌克兰文尼察国立师范大学、尼古拉耶夫国立师范学院、泰诺略尔国立师范大学荣誉教授，曾任乌克兰教育科学院主席团学术总干事（科研副院长）。苏霍姆林斯卡娅院士还担任北京师范大学、天津市教育科学研究院荣誉教授。主要研究领域为教育理论与教育史、比较教育学。她是苏霍姆林斯基教育思想的继承者、研究者和传播者，尤其致力于对瓦西里·苏霍姆林斯基创作遗产的研究，迄今共发表包括专著、教材、学术文章在内的350余项教育科学成果。

苏霍姆林斯基是中国教师熟知的一位乌克兰教育家，他的《给教师的一百条建议》和《帕夫雷什中学》是深受广大一线教师喜爱的教育经典著作。2017 年 11 月 25 日，由北京明远教育书院主办的 2017 年明远教育论坛在北京大学附属小学召开，论坛的主题是“面向未来的课堂教学改革”。在论坛中，来自乌克兰教育科学院的院士、苏霍姆林斯基之女苏霍姆林斯卡娅女士与北京师范大学资深教授顾明远先生进行了一场长达一个多小时的高端对话，为与会的教育同人奉上了一场思想盛宴。担任本次对话主持人的是北京师范大学国际与比较教育研究院滕珺副教授，担任对话现场翻译的是全国比较教育学会苏霍姆林斯基研究会会长、北京师范大学国际与比较教育研究院肖甦教授。

一、要相信孩子，每一个孩子都是一个完整的精神世界

滕珺：坐在台上的两位，大家想必都非常熟悉。虽然他们一位来自中国，一位来自乌克兰，但是他们有很多共同的理念和经验。顾先生从 20 世纪 60 年代就开始从事比较教育的研究，尤其是对于苏联的教育思想特别是苏霍姆林斯基的教育思想有很多的研究和思考。苏霍姆林斯卡娅也多次访问中国，与中国的校长、教师们交流并传播苏霍姆林斯基的教育思想。今天我们这场对话的名字叫“把心灵献给孩子”，与苏霍姆林斯基特别重要的一份代表作同名，更是他一生的写照。它打动了千千万万的教育工作者，因为它直指我们的“心灵”。所以，今天的对话我们就从《把整个心灵献给孩子》这本书开始。请问卡娅，您能不能回忆一下您的父亲苏霍姆林斯基是在什么背景下写的这本书？

苏霍姆林斯卡娅：大家好，非常感谢大家！今天很欣慰，所有的人集中在这里，探讨苏霍姆林斯基教育思想的问题。首先，我想感谢北京师范大学明远教育基金会和明远教育书院主办这场活动，使我可以从遥远的乌克兰来到这里。当然，我更要感谢顾明远先生，因为他在很久以前就开始研究并传播苏霍

姆林斯基的教育思想。我们今天讨论的是“把心灵献给孩子”，苏霍姆林斯基有一颗完整的心灵，但是我认为他把心灵的其中一部分留在了中国，影响了中国的教育工作者。

据我所知，苏霍姆林斯基花了很长的时间来写这本书，可以说这本书反映了他最基本的教育思想，也是他的教育思想最生动、最形象的写照。这本书不仅说了教育的过程，而且说了教育学的全部。苏霍姆林斯基非常不喜欢 20 世纪 30 年代前后苏维埃教育学的面孔，他特别反感那个时候教育学和教育者对孩子们的态度，他总是问为什么我们的教科书和我们的教育者只说“我们的学生”，而从来不说“我们的孩子”。你看到的、读到的也都是“学生”如何如何。但苏霍姆林斯基认为孩子不仅仅是学生，孩子更是一个完整的精神世界、内心的精神世界。因此，他就在这本书里写下了他对教育和孩子的理解，这里包括了孩子的情感发展、身体发展、智力发展、劳动教育等。

滕珺：非常感谢卡娅分享这本书背后的故事，“是孩子而不只是学生”，非常精辟的概括。请问顾先生，您是什么时候读到这本书的？您当时读完这本书有什么感受？

顾明远：大家知道，我曾留学苏联，在 1951—1956 年，苏联当时的教育就是我们经常讲的凯洛夫教育学，强调教师的尊严，很少谈到儿童。我回来以后，苏联的教育有些变化。我第一次看到这本书的俄语版是在 1980 年，当时我担任北京师范大学外国教育研究所——也就是现在的北京师范大学国际与比较教育研究院的前身——所长。1981 年，我们所的几位老同志合作翻译了《把整个心灵献给孩子》这本书，交由天津出版社出版。随后我又看到了《要相信孩子》这本书，看到这两本书以后，我感到非常震惊，也非常感动。《把整个心灵献给孩子》讲述了 31 个孩子的故事。1951 年，也就是第二次世界大战结束不久，苏霍姆林斯基招收了 31 个孩子，这些孩子当时也就六七岁，有些孩子的家庭因为战争而失去了父亲。苏霍姆林斯基为这 31 个孩子办了一个“快乐学校”，其实就是学前班，但是苏霍姆林斯基把它叫作“快乐学校”，让孩子在学校里能够快乐地生活。后来，当这些孩子进入一年级后，他还坚持儿童立场，他不是简简单单地把知识教给孩子，而是带领孩子去认识世界、走向世界，特别是走向大自然，在大自然中培养孩子，让孩子逐渐地认识世界、认识社会。后来，我们又陆续引进了苏霍姆林斯基的其他著作，如《给教师的一百条建议》等，我也承担了一些翻译的工作。我认为这些书对我的影响还是很大的，2000 年我写了一篇文章，叫作《学生既是教育的客体，也是教育的主体》，强调要树立学生的主体地位。过去我们总讲没有爱就没有教育，看了《把整个心灵献给孩子》这本书以后就更加感觉到，我们要充分认识孩子，要相信孩子，要关心孩子，把我们的心灵献给孩子，也培养孩子的一颗完整的心灵。

立德树人强调的是孩子的整个心灵、整个精神世界的发展。

滕珺：谢谢顾先生，刚才卡娅女士和顾先生在谈话的过程中都反复提到了孩子的心灵，也谈到了对孩子心灵的一些理解，那么孩子的心灵到底指的是什么？我们在教学过程中，到底通过什么途径把心灵献给孩子呢？

苏霍姆林斯卡娅：其实这本书俄文版的原书名是《我把心灵献给了孩子》，当然，这里的"我"并不只是指作者本人，这个"我"应当代表所有的教育者，所有的教师都应当把自己的心灵献给孩子。说到对"心灵"的理解，我正好带来了新版的《我把心灵献给了孩子》，新版是两年前用俄文出版的，前言里增加了如下内容："在学校里有教学大纲，有课程，有孩子，有带着知识来到学校进行教学的教师们，也有学校的制度。但是还有一样东西，就是教师的心灵，是一个鲜活的人的心灵。心灵是每一个父亲、每一个母亲对自己孩子走的每一步的理解，对孩子每一个变化的眼神的关注。"这是我在父亲留下的档案里发现的手稿原话，第一次出版时被删除了，这一次我又加进去了。我认为这就是苏霍姆林斯基对"心灵"的特别人性化的形象阐述。我觉得让我再说，我自己也找不到比这个更好的解释了。谢谢！

顾明远：我理解的“心灵”就是一个人的精神世界。苏霍姆林斯基的很多文章里都讲到了培养学生的心灵，提倡和谐教育，特别是劳动能够促进孩子的和谐发展。我觉得这个非常重要，现在我们讲“立德树人”也就是要首先培养学生的精神世界，所以苏霍姆林斯基的教育思想到现在还有现实意义。最近，我看了一则脑科学研究的材料，说人的记忆是没有关键期的，是逐年增长的。过去，我们就讲小孩的记忆力3～6岁最好，但现在最新的脑科学研究结果告诉我们不是这样子的。我们自己也记不住四五岁时的事情，细节就更记不住了。但是，人的情感是非常重要的，最新的脑科学研究结果表明，人的社会情绪的发展是有关键期的，0～2岁的时候人的情感开始发展，所以父母需要跟孩子多交流，包括语言和情感交流，培养孩子健康、开朗、自信的社会情绪。在具体的实践中也有很多这样的案例，我就遇到过很多这样的妈妈，她们总感觉一离开孩子一段时间，孩子的发育就会出一些问题。所以，我觉得培养学生的心灵、人格和精神世界是最重要的。这也是为什么当我们讲立德树人时不光光是指道德品质，还包括一个人完整的心灵、整个的精神世界。

二、教书育人在细微处，教育要“看见”孩子

滕珺：谢谢卡娅女士对于“心灵”非常生动的解读——像

父母一样关注孩子的每一步成长；也非常感谢顾先生把苏霍姆林斯基对于“心灵”的理解进行了非常本土化的解释——立德树人，关注孩子精神世界的完整而丰富的发展。我们今天论坛的主题是“面向未来的课堂教学改革”，请问在课堂教学过程中，我们该如何把一颗完整的心灵献给孩子？

苏霍姆林斯卡娅：我想首先补充一下苏霍姆林斯基对于孩子心灵的理解，苏霍姆林斯基说“看到”孩子，不应只是像看到一件乐器一样，作为教师“看到”孩子并不困难，但要“看见”孩子是不容易的。因为“看见”还包括孩子的内心，而不仅仅是外表。苏霍姆林斯基在他的作品里举了一个例子：一个小男孩上课的时候看上去没有精神，一定是没睡好，他没睡好背后一定有原因，这个时候我们不要贸然打搅他，不要用问一般孩子的问题去提问这个孩子，而是应该针对他当时的状况专门设计问题。这应当就是苏霍姆林斯基眼中的“看见”。

所以，作为教育者，作为孩子们的老师，你应当看见的是每一个孩子的不同点，在课堂上应该了解不同的孩子有不同的智力水平和能力水平。那么，当向孩子们提问题或者给他们布置作业的时候，你就应当在他们未察觉的情况下有区别、有针对性地提问或布置，既不能用同样的问题去问所有的孩子，也不能要求孩子们有同样的回答。教师应当注意的是每一个孩子自身的进步和发展，尤其对那些反应稍慢的孩子更应如此，他们很费力地回答了教师的问题，可能还达不到教师满意的水平，这时教师应当给予表扬，因为这个表扬比他回答问题本身还重要。谢谢！

顾明远：怎样能够在课堂上真正关心到每个孩子？我觉得，就像刚才卡娅所说的那样，我们的教师看到孩子的一些表面现象很容易，但是教师还要看到这些现象背后的原因。我觉得师生关系非常微妙，有时甚至一个眼神、一个举动都能够体现教师对学生的态度。我们在课堂上要关注每一个孩子的表现，要真正看到每个孩子的变化。实际上，苏霍姆林斯基在《把整个心灵献给孩子》这本书里也讲到，他在头半年时间里从来不给一年级的孩子打不及格的分数。当时的苏联是五分制，两分就是不及格的，他说他在头半年的时间里绝对不会给孩子打两分。另外，苏霍姆林斯基又说，当他给孩子们打第一个分数的时候，一定不打不及格的分数，因为他要培养孩子的自尊心和自信心，这些东西都是很微妙的。在我们的课堂教学中，也有很多这样的例子。我最近听了一些课，就发现我们的教师其实对孩子的关心还不是很充分，往往只关心那几个聪明的孩子、能够回答对问题的孩子。两个多月前，我去听了一堂语文课，那名教师对同一个孩子提问了八次，但是坐在我边上的孩子既不举手也不提问题，教师也不关心他，好像他不存在似的。我觉得这堂课就很不成功，因为教师要关心课堂中的每个孩子。当然，我们的学校基本都是大班额制的，在北京还好一些，一个班四十多个孩子，有很多地方一个班都五六十个孩子，教师可能照顾不过来，这是可以理解的。但是，我觉得作为一名教师确实应该关心每一个孩子，关注每一个孩子的一举一动，尽量了解孩子的一举一动背后的原因，这样才能真正把心灵献给每一个孩子。

三、信息技术呼唤创新思维方式，心灵沟通助力儿童成长

滕珺：谢谢卡娅和顾先生用非常鲜活和生动的例子告诉我们，每一名教师在课堂教学中如何把心灵献给每个孩子，包括对孩子进行有针对性的提问，不给孩子打不及格的分数，给孩子更多的赞赏。这不是一个简简单单的策略，而更多的是一种发自内心的教育信仰。“把整个心灵献给孩子”这样的信仰在当今这个信息技术快速发展的时代有什么新的意义？

顾明远：现在我们都生活在互联网时代，生活在一个不断变化的时代。有的学者提出，在以往的工业革命时代，社会都会用几年的时间来适应这种变化。但现在一个新的技术出现后，马上就可以用数字化的形式传遍全世界，所以我们几乎没有时间适应。那么，这就对我们的教育提出了很大的挑战。我

们怎么能够培养学生适应这种信息万变的时代？我觉得很重要的一点就是培养学生的创新思维。教学的本质用一句话来概括也就是改变人的思维方式，学生只有有了不断变化的思维方式，将来才能适应不断变化的时代。所以，我觉得我们的教学不光要传授知识——知识是容易忘记的，更要注重创新思维和批判思维的培养，因为思维是不会忘记的。换句话说，我们的教学不要把知识的习得作为终极目标，而要在习得知识的道路上不断提升孩子思维的品质，这是新时代、互联网时代对学生、对教师提出的更高的要求。

苏霍姆林斯卡娅：网络文化、现代信息技术的发展的确让我们现在的教育变得更加复杂，在乌克兰同样如此。就信息技术的掌握或使用而言，孩子们比我们成年人还要快。在这种情况下，可能是孩子教大人、教教师。这种变化自然就影响到了孩子与家长、孩子与教师之间教与学的关系及形式。对于孩子类似这方面的优点，我们应及时给予肯定，而不应当以教师或家长的身份居高临下。因此，在孩子们的思维刚刚起步甚至还没起步的时候，父母或教师不以单一面孔面对他们其实很重要。苏霍姆林斯基以及同时期的其他教育家实际上也都注意到了这一点。

再回到信息技术这个话题。网络上经常有一些快速答题游戏，在单位时间内答对越多得分越高。虽然孩子的知识储备不一定比大人多，但他们操作键盘的动作更快，所以孩子往往能胜过大人。但是这些东西都是短时记忆，而非技术操作层面的长时记忆，比如情感、道德——对于孩子日后的成长影响更大。就后者而言，孩子远不及大人。人之所以为人，是因为他（她）有丰富的内心世界和良好的德行，这些东西从一开始就要让孩子耳濡目染，慢慢习得，这些东西是通过短时记忆不能获得的。

我认为苏霍姆林斯基时代是这样，今天也是这样。现在孩子们的动手能力、计算机操作技术很强，也可能当成人的老师，但是当他们满足于甚至沉溺于这些网络技术的时候，作为教育者，我们在向他们学习的同时，必须注意情感交流，通过情感交流影响他们的内心，触及他们精神层面的东西。完美的人是什么样子的？这从来没有一个标准答案。但是人与人之间的相互交流和精神沟通——这些非技术的因素——才是对人自身的成长更为重要的影响因素。也就是说，要成长为真正的人，情感和精神永远不能为技术所替代。谢谢！

滕珺：喜欢卡娅女士刚才说的那句话，人之所以为人，是因为他（她）有丰富的内心世界和良好的德行。我们的对话很快就要接近尾声了，我们知道明年是苏霍姆林斯基一百周年诞辰，乌克兰将会举行一系列大型活动，届时全国比较教育学会苏霍姆林斯基研究会、北京师范大学国际与比较教育研究院以及明远教育书院将举行一系列纪念和研讨活动，欢迎全国各地的教育同人积极参与，共享新知！我们的对话从《把整个心灵献给孩子》这本书开始，最后，我想用这本书中的一段话来结束我们今天的对话："孩子们啊！五年来，我拉着你们的手一步一步向前走，我把整个的心都献给了你们。诚然，这颗心也有过疲倦的时刻。而每当它精疲力竭时，孩子们啊！我就尽快来到你们身旁。你们的欢声笑语给我的心田注入新的力量，你们的张张笑脸使我的精神焕发，你们那渴求知识的目光，激发我去思考。"

（本文由肖甦、滕珺根据对话内容共同整理）

◎顾明远，北京师范大学资深教授、中国教育学会名誉会长
◎苏珊·斯克拉法尼博士，国际教育顾问

汲人所长，补己所短：中美教育思想的碰撞与交融

——顾明远教授对话苏珊·斯克拉法尼博士

苏珊·斯克拉法尼 (Susan K. Sclafani)

苏珊·斯克拉法尼博士在2001—2004年担任美国联邦教育部部长助理，2003—2005年任美国教育部职业教育与成人教育助理部长；2005—2008年任查特威尔教育集团有限公司（Chartwell Education Group，LLC）董事总经理；2009—2010年任美国国家教育与经济中心州政府督导办公室主任；2010—2012年任总统和国会研究中心顾问；2011—2016年任培生基金会（Pearson Foundation）项目副总裁；2016年起出任斯克拉法尼咨询公司（Sclafani Consulting）主席。

她曾是芝加哥大学、休斯敦大学等学校学术委员会成员，也是美国在经合组织（OECD）和亚太经合组织（APEC）的教育代表。她提出并通过了著名的《不让一个孩子掉队法案》（No Child Left Behind Act），是美国STEM（多学科融合的综合教育）政策的参与制定者。她提出了数学与科学教育倡议、高中改革倡议，同时还与中国教育部合作开发了网络语言学习（E-language Learning）项目。在过去的15年中，她与中国的教育工作者、教育官员和专家多次交流，保持着紧密的合作关系。近年来，苏珊·斯克拉法尼博士专注于美国教育政策、K－12语文和数学在线课程开发，并担任多个国家的国际教育顾问。

2017 年 10 月 26 日，来自中国的教育学界泰斗、北京师范大学资深教授顾明远先生与来自美国的美国联邦教育部前任部长助理苏珊·斯克拉法尼博士在海嘉国际双语学校会面，进行了一次跨越太平洋的对话。两位大师围绕中美教育改革的异同展开了深入的交流，并畅想了未来教育的美好愿景。

一、中美教育不分伯仲，存在很多合作空间

主持人：顾明远教授是中国教育学会名誉会长、国家教育咨询委员会委员以及北京师范大学资深教授，而苏珊·斯克拉法尼博士是美国教育部前任部长助理，同时担任多个国家和国际组织的顾问。他们都做过教师和校长，也都曾经是教育政策

的制定者。顾教授所提出的“废除三好论”“学生主体发展论”等等都在中国开了先河，而苏珊·斯克拉法尼博士更是推动了美国具有重要里程碑意义的《不让一个孩子掉队法案》的起草与颁布，并积极促进了科学和数学学科的发展。可以说“STEM”一词的出现在一定程度上也得益于她的倡导。因此，两位大家在中美教育和国际教育方面都有特别多的体验和研究，他们一定会给我们带来一场中美教育思想碰撞的饕餮盛宴。下面我们就分别请顾教授和苏珊·斯克拉法尼博士从他们第一次访问彼此的国家开始说起，首先请顾教授说一说第一次到美国时的一些教育感受和体验。

顾明远：我第一次去美国和加拿大是在 1987 年，一共待了 50 天，参观访问了多所学校。早在 1981 年我就提出过一个观点，就是要以学生为主体，一切教育活动的目的都在于让学生通过自我活动和自我消化来获取知识和智慧，我发现美国的幼儿园、小学等一直也是本着这种精神的。经常会有人让我比较一下中美两国的教育，到底哪个国家的教育好，我觉得这个问题很难这么绝对地讲，因为教育是文化的一部分，它跟一个民族的文化传统有密切关系。我们的文化传统跟美国的文化传统不同，我国是一个历史悠久的国家，而美国是一个移民国家，欧洲移民到达美洲大陆以后，他们便开始争取自由，争取自己的权利，所以就更为重视个人的发展，个人主义就成为他们最基本的思想，这就表现出与我们国家文化的差异。所以，很难讲哪个国家教育好哪个国家教育不好，在评价两国教育时不能一概而论。

虽然不能进行整体比较，但是在一些具体方面还是可以比较的。中国家长总是希望孩子能够多学点知识，但是在培养孩子的创造性思维和创造力方面却没有给予应有的关注。在参观美国学校后就会发现，美国的孩子相比我们的孩子而言，能够得到更为充分、自由的发展。与我们小学生学业负担过重不同，我觉得美国的孩子较为自由奔放，小学对他们来说是很自由、很轻松的；相反到了高中，美国教育对孩子的要求变得严格，课程也是很多的。我觉得这种做法是符合孩子的发展规律的，孩子年龄小的时候就应该多玩一玩，到了高中的时候再开始加强他们的学习。我认为美国学生在高中和大学教育中之所以取得好成绩也在于此。

另外，我们在 PISA 评估中取得了可喜成绩，上海作为中国代表在前两次评估中都位居第一名，虽然在 2015 年 PISA 评估中，由北京、上海、江苏、广东组成的中国团体位居总分第十，名次降了一些，但是第十名其实也不错。整体而言，我们国家教育的平均水平应该说还是比较高的，虽然没有“高峰”，但我们有“高原”。相比而言，美国的教育平均水平不一定比我们高，没有“高原”，但是它们有“高峰”，有拔尖的人才。

我觉得这一点值得我们思考，值得我们学习。

主持人：谢谢顾教授。顾教授刚才说，与美国教育相比，中国教育有“高原”，没有“高峰”，缺乏足够的拔尖人才。下面我们也请苏珊·斯克拉法尼博士讲讲她第一次到中国时的感受。

苏珊·斯克拉法尼：1997 年，我借着休斯敦一所高中和大连一所高中进行友好互访与交流的机会第一次访问中国，那次旅行不仅有学生、老师，还有家长。我们一起在大连度过了一个星期的时间，中国人对教育的专注、中国家庭对教育好一个孩子的决心以及学校和学生的教育信念给美国的家庭和老师留下了深刻的印象。当时，同行的大人——老师、校长和家长——都住在酒店，孩子们则被邀请住在大连学生的家里，所以美国的孩子们有机会对中国学生的家庭有比较深入的了解，中国孩子学习的勤奋和努力对美国的学生起到了很好的榜样作用。在这里，我们可以发现中美两国学生之间存在一个很大的不同之处，即美国学生普遍认为自己是天生聪明或者天生愚笨的，勤奋在学习上起不到太大的作用。很多人会认为，如果自己在学习上尤其是在数学、科学这样的科目上表现不好的话，那就是自己没有这样的基因和天赋。而中国学生却不这样认为，他们认为只要努力就能够取得好成绩。

大家往往会问，究竟中美两国的教育体系哪个更好。随着交流的不断深入，中美双方都认识到，更好的教育体系是要通过汲取中美双方的长处，相互合作和融合之后才能够达成的。增长派认为，孩子的知识和社交方面的能力不是天生的，而是可以通过培养不断发展的；实体派秉持宿命论，他们相信遗传会起到重要的作用，所有的能力都是天生的。目前，增长派在美国越来越占主流，其实他们的很多主张源于对中国教育的学习，是通过对中国学生勤奋地学习进而取得好成绩的考察所得出的结论。现在很流行一个“一万小时”定律，即要成为某个领域的专家，需要至少一万小时的练习。这一定律就属于增长派的主张，认为之所以成为天才，是因为付出了持续不断的努力，而并非因为天资聪颖。

美国教育比较擅长培养孩子的创造力，这已成为共识。通过向中国学习，我想我们可以在让孩子保持创造力优势的同时，培养孩子勤奋学习的能力，只有这样才能让孩子获得相应的知识、技能和好习惯。事实上，对教育工作者，尤其是领导者来说，得出一个结论是相对容易的，但是想要在这个结论的基础上去改变现状是困难的。所以他们现在要做的就是把从各个亚洲国家——像中国、新加坡——学到的好经验以及获得的新认识落实到自身实践中去，这对当前的美国教育界是一个挑战。

二、中美教育改革如火如荼，已初见成效

主持人： 谢谢苏珊·斯克拉法尼博士。我记得 2008 年我们访问美国，当时苏珊·斯克拉法尼博士安排我们和美国教育部官员（包括主管基础教育的副部长、部长助理等）做了长时间的教育交流，最后大家得出了一个结论：把中国和美国的教育特点加起来除以二是较好的选择，即我们的知识学习、我们的纪律、我们的集体意识加上他们的创新、他们的勇敢等等。时光荏苒，距离那次访问已经过了很多年，也请两位老师说说这些年两国教育的变化，先请顾教授说说。

顾明远： 要说这几年的变化，我觉得我们正在积极向世界各国学习。我们原来的传统教育比较保守，总是老师讲得多，学生自我活动的时间比较少。这几年来，我们引进了很多国外先进的教育理念和先进的教育方法，现在很多学校都在尝试改革。我在 1981 年提出“学生是主体”的时候引起过很多争论，现在大家已经比较认可了，逐渐意识到发挥学生主体作用的重要性。从 2001 年实行新的课程标准开始，我们就把培养目标定为三类，即不仅要让学生获得知识，还要让他们掌握能力，并培养他们的情感和价值观。此外，我们还引进了新的教育方法，比如让学生进行探究式学习、合作式学习和研究式学习

等等。

刚才苏珊·斯克拉法尼博士提到了STEM课程，我们很多学校也在做，这一课程提倡把学科知识综合起来，旨在培养学生综合解决问题的能力。以项目学习来引领我们的教学是当前教育发展的趋势。然而，学科教学还是不能取消，项目学习也不是单独搞一套，而是结合我们新的课程标准和新的课程改革一起推进。这就要求我们在实施课堂教学的过程中，不是老师滔滔不绝地讲、学生静静地听，而是老师提出问题之后，让学生去自我探索和合作讨论。应该说这几年，特别是在新课程标准发布以后，我们的教育发生了很大的变化，其中有很多是向美国学习的结果。当然，在改革过程中我们也保持了自身的优势，即让学生牢固掌握基本的知识。没有了基本的知识，基本概念不掌握，任何教育活动都不能达到真正的目的。

另外，我觉得我们当前的改革还有一个很重要的倾向，就是培养学生的思维活动。教学的本质也可以说就是培养思维。一个人若仅有固化思维，他就不可能有创造性，因此必须让学生具备一种开阔的视野、创新的思维和批判性思维。由于长期以来的传统，要改变老师的教育观念和教学方法也不是那么容易的。不过幸运的是，我们的很多优秀的学校都在尝试改革，我觉得这是一个非常好的现象。

主持人：谢谢。大量的田野教育研究和微观的教育生活，不断给我们的教育改革提供支撑，顾教授也一直在关注和推动这方面的进步。下面请苏珊·斯克拉法尼博士讲讲美国这些年在教育方面的一些变化。

苏珊·斯克拉法尼：要提高教学质量很重要的一点就是提高教师的质量。我当老师的时候，教师是一个非常光荣的工作，当时也有非常多的优秀女性愿意从事教师这个行业，当然这是很多年以前的情况。最近二三十年，美国也发生了翻天覆地的变化，在很多优秀的大学、商学院、法学院和医学院，女学生越来越多。然而，这样的变化也导致了另外一个问题，即优秀的女学生不再选择做教师，现在从事教师行业的人往往是成绩相对较差的人。这样一来，师资质量问题变得严峻，对教师知识和技能的培训成为一个非常重要的话题。

此外，师范学院毕业的学生在毕业以后也会面临很多选择，比如去什么样的学校教书。大部分人最不愿意去的地方往往就是最需要教师的地方，这些地方一般是比较贫困的社区或者是缺乏教育资源的地区。为了解决这一问题，美国发起了“为美国而教”项目（Teach for America，TFA），该项目致力于招募从各个高等院校毕业的优秀学生，让他们到急需教师的学校当老师。这些年轻人对教育充满了激情，对教育非常投入，他们在当老师的时候除了充分利用七个小时的在校时间外，还会给孩子们留电话，便于孩子们在课后遇到问题的时候联系他们。事实上，TFA项目也是非常有争议的，主要是因为它是一个短期项目，是一个志愿者项目，所以这些老师两年之后会再次选择发展道路，去从事其他行业。很多人会质疑两年的时间太短了，但是我认为，在教育资源非常贫乏的地区，能够让孩子们有机会接触这些非常优秀的老师两年已经是一个非常难得的机会了。虽然这些志愿者并不一定是从师范学院或者教育系毕业的，但他们在参加这个项目之前会得到一些教育培训，所以他们到学校去会成为很好的老师。而且两年下来，可能过半数的志愿者最后往往在做了至少五年的老师后才转向其他行业发展，也有很多人就此改变了职业方向，选择终生做老师。不过总体来讲，如何提高教师质量，怎样做好教师培训，仍是一个非常大的挑战。

美国的整个行政体系和中国不同，联邦教育部能做的事情仅仅是提出一些教育主张，同时做一些教育基金的投放，整个教育的标准、考试评价体系以及如何评估一个学校是否成功等，是由各州教育委员会自己决定的。也就是说，各州的学校和教育体系的质量由州政府控制，而不由联邦教育部整体监督。这样一来，各州的教育水平就会参差不齐，有时候我们会发现一些学生在本州的成绩非常优秀，但是当他们参加联邦考试时，可能会发现自己落后于其他州的学生。

顾明远： 刚才苏珊·斯克拉法尼博士讲的跟我们也有很多

相似的地方。连美国这么发达的国家都存在发展不平衡的现象，更不用说我们这样的一个发展中国家。特别是我们还有十几亿人口，地区之间发展本身就不平衡，所以我们的教育发展就更不平衡了。我们农村的教师质量也不高，虽然很多教师在农村坚守已经很不容易了，他们是非常辛苦的，但是从总体水平来讲教师质量还有待提高。为此中国过去采取了特岗计划，也就是说大学生（不一定是师范生）作为志愿者和特岗教师毕业以后到贫困地区教学，教学两年以后可以再次自主择业。我去过一些农村，跟这些特岗教师座谈过，有很多特岗教师选择留下，因为他们觉得教育工作很重要，对孩子们的成长非常必要，另外孩子们也欢迎他们，舍不得他们离开，我觉得这也是一个很好的办法。我们全国现在有 40 多万名特岗教师，有一批真心想把我们的教育搞好的志愿者选择留在学校，我觉得这些教师的精神非常可贵。同时，这几年我们也针对农村教师采取了一些乡村教育计划，着力提高乡村教师的待遇，为他们创造一些有益的条件。

三、中美教育求同存异，共塑美好未来

主持人：中国和美国都是充满差异的国家，但是优质的教育都有它内在的规律，所以大到一个国家的取向，小到一个学

校的努力，大家都有很多值得相互借鉴的地方。那么，我们到底应该怎样相互借鉴、相互融合，为这个时代提供更好的教育呢？请苏珊·斯克拉法尼博士先开始。

苏珊·斯克拉法尼：25 年前，美国就兴起了满足学生个性化需求的教育运动，提倡以学生为中心，关注学生个体。目前，美国发起了一个新的运动，要求不仅要关心学生的学习，还要充分关注学生的社会以及情感方面的整体发展。要知道，如果一个学生在校外遇到很多困难，那么他在学校是没有办法专注于历史或数学的学习的。所以，老师应该对每个孩子的情况进行全面的了解，鼓励孩子分享他们在生活和学校中遇到的挑战，这样的话，老师和学生就能更加了解彼此，知道如何帮助彼此。不过，要了解每一个孩子对老师来讲也是一个挑战。在美国公立学校，老师通常一天会教授至少 5 节课，所以他们和孩子交流的自由空闲时间是非常有限的。OECD 研究表明，美国老师是在校上课时间最长、自由时间最少的老师。所以我们的老师到中国来参观时，有的时候会比较羡慕，虽然中国的老师要面对规模很大的班级，但他们并不是一整天持续不停地讲课的，有备课以及和其他老师合作交流的时间，这个在美国公立学校中是非常少见的。当然，大班额的教育形式在中国可能是行之有效的，因为中国学生相对来讲比较自律、学习更加勤奋，但在美国这也许是行不通的。

顾明远：中国的大班额教学也是不得已而为之的，现在我们也提倡要小班化，每班至少控制在 40 人以内。在美国，连 40 人的班级都没有，二三十个人已经算是大班了，而我们 40 人算是小班。刚才苏珊·斯克拉法尼博士讲得非常好，我们的学习不仅要关心学生在课堂上的表现，还要关心学生课外的表现，这是非常重要的。因为课外的表现可能更加真实，学习的困难很可能来源于其他原因，比如单亲家庭、与父母的关系等。现在在国内，特别是一些大城市出现了年轻父母的焦虑：把孩子送到哪个幼儿园好？在把孩子送到学校以后，还要不要让孩子上补习班？上什么补习班比较好？明明知道孩子非常辛苦，课业负担很重，也很心疼自己的孩子，但是看见其他的朋友或同事都把孩子送去了补习班，自己也效仿，担心不送的话会让孩子输在起跑线上。这就会在无形中对孩子的情绪产生影响。

事实上，培养学生的情绪更为重要，只有有了积极的情绪，学习成绩才能上得去。现在我们往往把孩子逼得太紧，缺乏对孩子情绪的培养。情绪的发展是有关键期的，两三岁是培养孩子情绪的关键期。孩子出生以后，爸爸妈妈要经常跟他交流，让孩子把喜怒哀乐表现出来，使孩子知道怎样表达自己的感情。然而，农村留守儿童这方面的情况更加令人担忧，因为留守儿童缺乏与父母的交流。我们往往让孩子从小就学奥数，结果把孩子的脑子搞坏了，不仅脑子搞坏了，情绪也搞坏了，孩子没有了跟别人交流的欲望，缺乏积极的情绪。所以我就非常奇怪，怎么能够牺牲儿童的童年生活，没有幸福的童年就没有幸福的生活。所以说，培养学生的情绪非常重要，学习纵然重要，但是学习以外的事情也同样重要。

苏珊·斯克拉法尼：我在一次全美会议上遇到过一个年轻人，这个男孩的父亲吸毒，母亲长期抑郁，家里一共有十个孩子，几乎所有的哥哥都在监狱里。他能够去学校，得益于美国的教育体制，即在父母没有足够的能力抚养孩子的时候，可以把孩子安置在另外一个寄养家庭里。不幸的是，他在这个寄养家庭里也没有得到很好的待遇，于是他逃了出来在街头流浪，但是他还是坚持去上学。他有时会问自己，像他这样的孩子在学校里学习历史这样的科目究竟有什么用？幸运的是，学校开展了一个项目，把一些像他这样背景的孩子集中在一起，找一个导师专门来进行辅导。虽然他用了六年的时间才读完高中，但是后来他还是上了大学，最后在耶鲁大学拿到了硕士学位，他正在哈佛大学读教育学博士。当这个男孩在会议上分享他个人经历的时候，在座的每一位老师和校长都非常感动，同时他们也认识到，在他们自己的学校里也会有一些这样的孩子，虽然遇到的问题未必会如此极端，但是也可能遇到一些社会和情感交流方面的问题和挑战。作为老师和校长，应该重新去看待这样的问题，想办法找到解决方案，帮助这些孩子更好地成长。

在一次教师培训中，一位老师跟我分享的话我一直无法忘怀。这位老师说，她来参加培训之前觉得自己的学生都是问题学生，但是通过培训她意识到，学生们可能只是遇到了问题。比如，如果家长要求学生参加太多的课外补习，对学生的期待过高，就可能会导致学生产生一些社会和情感方面的障碍。

主持人：这句话说得特别好，不要给孩子贴标签，他（她）不是问题孩子，可能是遇到了问题。顾教授一直倡导没有爱就没有教育，没有兴趣就没有学习。教育本身就包含很多本质的问题，它是一个概率事件，是对一个生命纵向干预的设计。时间过得好快，请两位大家说一下对未来教育的美好希望。

顾明远：教育是未来的事业，我们要有未来的眼光。虽然真正预测未来是很难的，但是我们相信，未来的教育是要让每个孩子都能快乐地生活，让每个孩子都能发挥他的潜能，都能在事业和生活上有所造诣。刚才王博士也讲了，我们经常讲教育的本质，教育的本质是培养人。我说教育的本质就是提高生命的质量，提高生命的价值。提高生命的质量意味着有了文化以后，你能找到自己的生活方式，并能够幸福而有尊严地生活。一个没有文化的人很难幸福而有尊严地生活，这就是生活质量的含义。另外，你对社会做出什么贡献总得有一个价值标准。生命的价值，就是看你对社会有什么贡献、对人类有什么贡献、对他人有什么贡献。现在人工智能和互联网都进入了教室，但这都是技术和手段的问题，这种技术和手段无论如何也代替不了人，人是不能靠机器培养的，人只能靠人来培养。所以我们未来的教育主要是让孩子生活得愉快，使他们的潜能得到发挥，使他们的生命更有价值。

苏珊·斯克拉法尼：我们一定要意识到当今世界已经变得非常复杂，和我们小时候生活的世界相比是非常不同的。就像刚才顾教授说的，教育的关键其实是育人，是让我们的孩子明白他们是人类的一员，是国际社会的成员，而不是非常自私地只是想到自己的今天和明天。我们要让孩子们对整个世界承担起责任，让他们知道自己的行为会对整个世界产生影响。所以他们在做任何事情时不能只是考虑到自己、家庭、朋友和社区，更要考虑到他们的国家，考虑到整个世界的存亡与发展。

当前孩子们遇到的挑战是，这个世界是越来越一体的，他们见到的人来自世界各地，他们会接触到越来越多有天赋的人，会见到越来越多创造力或能力非常强的人，这也意味着他们面对的竞争会非常大。另外，也许他们今后所做的工作是现在根本就不知道、还完全没有被创造出来的工作。作为教育工作者，我认为我们有责任引导和教育年轻人了解自己，了解他们的世界，同时采取负责任的行动，培养他们成为终身的学习者。研究表明，在1350年之前，世界上还存在通晓人类所有知识的人，但是在1350年以后，世界上再没有一个人能够通晓人类所有知识。当今社会知识如此爆炸性发展，所有人的知识加在一起都不可能涵盖我们现在所有的知识，所以我们的孩子必须是一个非常好的终身学习者，同时应具备与他人合作的能力。只有让我们的孩子成为有爱心、懂得关怀他人、懂得相互关心的孩子，才能让他们运用自己的能力创造出一个更美好的世界，而不是毁灭这个世界。

主持人：谢谢。今天我们谈论了很有趣、很深入的话题。刚才顾明远教授和苏珊·斯克拉法尼博士在总结中都提到，教育就是育人，教育必须靠人。德国哲学家卡尔·雅斯贝尔斯（Karl Jaspers）说："一棵树摇动一棵树，一朵云推动一朵云，一个灵魂唤醒一个灵魂。"要推动构建人类命运共同体，只有更好的教育才有更好的社会，才有更好的国家，也才有更好的人类。特别感谢顾明远教授和苏珊·斯克拉法尼博士今天精彩的对话，也感谢两位特别好的翻译和大家的倾听。

（主持人：中育教育集团董事长王伟博士；本文由滕珺整理）

◎顾明远，北京师范大学资深教授、中国教育学会名誉会长
◎许美德，加拿大多伦多大学教授

中国教育发展的全球意义在哪里

许美德 (Ruth Hayhoe)

许美德，加拿大人，1945 年生，本科毕业于加拿大多伦多大学，获英国伦敦大学学院教育研究院硕士及博士学位，师从英国著名比较教育学家霍姆斯（Brian Holmes，1920—1993），多伦多大学安大略教育研究院博士后。现任香港教育学院名誉校长、加拿大多伦多大学安大略教育研究院教授，曾任香港教育学院院长、加拿大驻华大使馆教育科技和文化参赞。专业方向为比较教育和汉学。

许美德著有几十余部著作。其中，《中国大学 1895—1995：一个文化冲突的世纪》（*China's Universities 1895－1995：A Century of Cultural Conflict*）荣获美国 Choice 杂志社杰出学术著作奖；另著有多部中国教育相关重要图书，如《思想肖像：中国知名教育家的故事》（*Portraits of Influential Chinese Educators*）、《圆满：一个加拿大学者的中国情愫》（*Full Circle：A Life with Hong Kong and China*）、《21 世纪中国大学肖像：向大众化高等教育的转型》（*Portraits of 21st Century Chinese Universities：In the Move to Mass Higher Education*）、《通过比较教育看中国：许美德精选集》（*China Through the Lens of Comparative Education：The Selected Works of Ruth Hayhoe*）、《中国大学与改革开放》（*China's Universities and the Open Door*）等。

在中国改革开放40周年之际，日前，北京师范大学国际与比较教育研究院与北京明远教育书院联合邀请北京师范大学资深教授顾明远先生、加拿大多伦多大学许美德教授就中国教育改革开放40年展开对话，两位学者就中国教育改革发展及其全球意义进行了深入交流和讨论。

一、40年带来了教育事业和科学的繁荣

顾明远：改革开放40年的中国教育，可以用四句话来概括，第一是观念的转变，第二是事业的发展，第三是制度的创新，第四是科学的繁荣。

首先是观念的转变。改革开放不是那么容易的，一开始很

困难，最困难的就是观念的转变。改革开放前很长一段时间，讲“教育要为阶级斗争服务”，“为无产阶级专政服务”。40 年来，观念的转变正逐渐深化，从“为阶级斗争服务”，到为社会主义现代化服务、为经济建设服务，再到现在习近平总书记强调要以人民为中心，观念的转变很不容易。包括以人为本的观念，曾经长期得不到认可，改革开放之后好几年中央开始提出以人为本，现在总书记提出以人民为中心，这也是一个逐渐深化的过程。

其次是事业的发展。我们用了 20 年时间，实现了九年义务教育，这也很不容易。因为我们人口多，底子很薄，又是一个发展中国家，教育的发展全靠全国人民的支持，这个不用多讲，大家都能看到。

再次是制度的创新。40 年来，教育的基本制度和规范建立起来了，教育法律体系也逐渐完善了，有了教育法、教师法、高等教育法，这是制度方面的创新。

最后是科学的繁荣。过去曾经是一本《教育学》统天下，这几十年来教育学有了很大的发展。拿比较教育学来讲，以前几乎没有比较教育学，一开始叫外国教育，改革开放后才把各个国家的教育学引进来，加以比较，借鉴它们的经验。学术繁荣还体现在我们今天的教育科学研究不仅停留在大学的课堂和实验室里，而且走到了基层。去基层看一看，很多学校包括中小学都在搞教育科学研究，都在研究教育怎么改革。

许美德：我 1978 年到中国，现在刚好 40 年了。这些年里，有两个人让我非常难忘。中国一改革开放，我就申请来中国，到大学当教师。那时候复旦大学的校长是谢希德教授，她特别热情地欢迎我，请我到她家里做客。她是很有名的科学家，毕业于麻省理工学院，新中国一成立就想方设法回国，利用自己的智慧、经验，为国家做了很多事情。

另外一位是西北师范大学的李秉德教授，他“文革”时期在农村小学教了好几年书，但他不以为苦，反而觉得在小学才能够真正实践自己的教育想法。改革开放的时候，他已经快 80 岁了，但是他仍把所有的精力都放在工作上。

40 年来令我最难忘的，就是能够有机会和这样的中国学者和教授有密切的往来，他们的人生态度和工作态度让我倍受教育。他们经历过那么多苦难，年纪很大了仍全力支持改革开放，努力培养下一代的青年人。

另外让我最难忘的一件事情，和顾明远先生有关。20 世纪 80 年代，加拿大和北京师范大学合作开展了博士培养工作，互派博士生到对方国家进修，中国派了 22 个博士生和教师，加拿大派了 15 个。中方当时负责整个工作的组织的就是顾明远先生，因为他做了很多工作才使这件事情做成了。当年到加拿大进修过的中国学者现在都是教育领域的领军人物和骨干了。

顾明远：这40年里最重要的教育事件就是高考。知识改变命运，高考改变了青年人的命运，不仅改变了个人命运，也改变了国家的命运。恢复高考以后，“读书无用论”一扫而光了，奠定了今天国家发展的人才基础。

许美德：我觉得中国这40年能够得到这么快的发展，第一个因素是儒家文化的传承，第二个因素是有非常明确的国家发展战略，有很多有学识、有能力的政府官员和学者在推动，这样有领导力的人才是最重要的。

顾明远：这40年坚持了在继承基础上的发展。改革开放以后，我们特别强调继承自己的东西，在教育上首先重新提倡尊师重教。此外，我们强调学生要打好基础，强调德育为先，培养学生成为有高尚品德的人，这都是我们的好传统。我们国家崇尚集体主义的价值观。《大学》中讲修身齐家治国平天下，把个人的修身和家庭、国家的治理，甚至于天下的治理融为一体。中国有五千年的历史，这个价值观凝聚了中华民族的历史智慧，所以我们的发展也应该在这个价值观的基础上发展。

许美德：我也觉得继承过去的经验非常重要。我从1985年开始访问中国的大学，跑了大概200所大学，还收集了100多个中国大学的校训。不同地区的大学有不同的经验，有一定的自主权，凡事考虑本校的历史、本校的特点和情况，这点很重要。所以，今天很多中国大学有自己的特色，就是因为有自己的传承和历史。

二、40年促进了教育的国际交流和相互理解

许美德：我一直有一个看法：西方应该学习中国。中国有几千年的历史，研究教育一定要到中国来。1992 年，我回加拿大组织了一个国际会议，谈跨文化交流，出经费请中国的学者，也请了印度和中东的学者。我不主张文明冲突，主张强调文化对话，从那时候起西方开始更多了解到东方文明的重要性。1994 年，这个会议又在中国的岳麓书院召开，也请了北美、印度、中东的学者到中国来。过去，西方很多学者不愿到中国来，但改革开放 40 年让更多西方人对中国及其文明更加重视，他们都愿意来中国了。

顾明远：中国教育有五千年的传统，特别是改革开放 40 年来发展很快，但是国外知道得很少。我到美国去讲，我知道你们的教育比你知道中国的教育要多。虽然现在我们的国际地位提高了，但是在教育方面我们还跟不上整个国家的发展形势，还落后于整个形势。所以现在我们要走出去，习近平总书记讲要讲好中国故事，我们也要讲好中国教育故事，首先把中国故事讲出去。另外，我们要培养更多了解国际事务的人才，在国际治理中发挥更大作用。在国际组织中，中国人还不多，

这跟中国的政治地位很不相称、不相符合，所以我们的教育肩负着很重要的使命。怎样培养具有国际视野、懂得国际规则、能够在国际交往里起作用的人才，这是教育很重要的使命。

许美德：在“一带一路”倡议下，中国大学应该开始考虑研究发展中国家的教育、学校的发展。不少中国大学主要还是向西方的大学，如哈佛、剑桥等大学看齐，采取的做法比如给教师很多压力，要求教师在某些刊物上发表论文，而不考虑自己的实际情况。现在中国的经济已经发展起来了，世界上还有很多发展中国家，比如“一带一路”沿线的很多发展中国家，很需要中国提供教育方面的支持。

我希望中国的大学多考虑和发展中国家，特别是东南亚国家、非洲国家的大学合作，它们很希望和中国的教育学者合作。和发展中国家合作，不仅很有前景，也很有价值。这样，科学研究、教育研究都会更加丰富。据我所知，已经有 20 所中国大学和非洲国家有了合作，而且得到了政府支持，这样的合作还应该有更多。

顾明远：西方对中国的偏见要消除，必须坚持开放，加强国际交流。在“一带一路”沿线国家，很多人愿意学汉语。在西方国家，“中国威胁论”不断蔓延。要消除这种偏见，最根本的还是中国要强大，只有中国强大了世界才能看得起你。随着国家的强大，中国的教育也开始受到国际社会的重视，现在世界一流大学都到中国来争取生源，上海获得 PISA 考试的第一名，英国人就到上海请 50 名教师到英国去教课，把上海的数学课本引进英国。

许美德：中国重视教育文化的国际交流、有自己的教育和文化外交，这非常重要，要推进中国大学与外国机构的合作。现在西方对中国还有很多怀疑和误解，中国的教育改革开放提供了让中国的发展经验在国际舞台上分享的机会。比如，中国现在有很多学者在北美访问学习，很多中国博士生有一年时间在国外接受培养，中国学者和学生应该利用机会把中国的文明、中国真正的现实情况介绍给国外。

同时，现在有很多不发达国家、发展中国家和发达国家的学生来中国学习，我刚从东北师范大学回来，和五六十个来自不同国家的硕士、博士研究生座谈了两三天。他们非常高兴有机会在中国学习，他们的英语、汉语都很好，我们可以谈论各方面的问题。我觉得中国的硕士、博士研究生学好外语特别重要，如果你的外语不行，你就不太容易把中国的经验、中国的文明和国外分享。

三、中国应该有自己的教育模式和标准

顾明远：改革开放 40 年，中国的教育发展已经形成了自

己的特色，取得了很大成就。以后需要进一步改革开放的内容有很多。从教育来讲，一是要鼓励外国人来华学习。过去我们出去的多，现在来的也逐渐多起来了，比如北京师范大学国际与比较教育研究院有国际班，里面都是外国学生，以后学校还要吸收更多来华留学生。二是要更加推进人才培养和交流，派人出去学习国外先进的经验，特别是科学技术方面的成果。我国在制造、创造方面有很多核心的技术还没有完全掌握，要多派一些人出去学习尖端的、有创新性的东西。

许美德：中国已经有几十年的发展经验，把西方很多先进的科技成果、其他的知识与自己的发展结合起来，同时又坚持了独立自主。现在中国已经成为世界第三大留学国，仅次于美国、英国，很多发展中国家的学生来到中国学习。

西方发达国家提供的学习和课题项目研究机会常常被批评为是依附式的，是一种新殖民主义，原因在于其都是西方发达国家提供经费，但是要求学生按照它们的方式学，而中国可以用另外一种方式，就是互相尊重、相互合作的模式。中国的文明强调和而不同，这和西方的思维方式是完全不一样的。中国可以用基于和而不同思想的合作模式来支援其他发展中国家的教育事业，这在国际舞台上一定会产生非常大的影响。

国际上的各种排名常常参考西方国家提出的标准，中国为什么不提出符合自己情况的模式标准呢？比如，中国可以出台全球师范大学的排名，重视师范教育是体现儒家文明的重要举动，中国在改革开放中坚持保留师范大学是非常正确的选择，中国的实践证明，国际舞台不仅仅有一个模式，还可以有更多模式。因此，也不能只允许有一种排名，一种完全按照西方标准的排名，而应有更多，这是我特别关心的问题。中国应该坚持一条自己的道路，不能完全使用西方大学的排名方式，现在只有中国有能力做到这一点。

四、40年贡献了一个不同的教育发展模式和道路

顾明远：中国教育发展的全球意义就在于把整个中华民族的文化传播到全世界，这是它最重要的意义，也是我们改革开放以来取得的最大成绩。我们逐渐把中国的文化传播到了全世界。改革开放以前，国外只是认为中国是很神秘的国家，但是不知道中国的文化是什么样子的；只知道中国是一个很古老的国家，但是不知道中国文化的核心是什么。现在这些情况已经得到了很大的改变。中国文化讲究和而不同，中国教育注重培养有人文精神的人才，注重培养关心世界、关心人类、关心人类命运的人才，注重培养为世界的和平协调发展而创新的人才，中国教育发展最大的全球意义就在于贡献了这些思想和智慧。

同时，中国通过改革开放40年的发展，教育培养了一大批人才，为中国社会政治经济文化的发展提供了人才支撑。世界发展格局上出现的是稳定发展的中国，帮助十几亿人口摆脱了贫困的中国，所有孩子都能接受九年义务教育、越来越多年轻人有机会接受高等教育的中国。中国教育发展的巨大成就，是对维护人类和平、推动世界发展的巨大贡献，这也是中国教育发展的全球意义。

这些年来，中国教育慢慢探索出了中国道路、中国模式，这是一种完全不同于西方模式的模式。穷国办大教育、大国办强教育，中国教育为世界文化的多样性、世界教育的多样性做出了贡献，这也给予不同的国家、不同的教育制度一种启示，特别是给予发展中国家更多启示，这也是中国教育发展的全球意义。

许美德：我花了30多年时间研究中国的教育，最近在柬埔寨参加亚洲比较教育学会第八届年会，有一些新的心得可以分享。中国历史上的教育有两个值得重视的内容，一个是科举制度，一个是书院。大家都知道中国的科举制度，这个制度系统培养了国家的领导人，在历史上很有影响。书院诞生了很多新的思想，出了很多名人。科举制度和书院并存，也体现了中国的特点和经验，体现了中国文明主张的和而不同，而且对中国的教育发展做出了重大贡献。我觉得中国教育发展的模式、中国援助其他国家的模式，完全可以和西方国家传统方式不一样，可以更强调相互尊重和合作，这是全新的模式，也是中国的贡献。

（主持人：香港大学教育学院副院长杨锐教授；
本文由滕珺整理）

◎顾明远，北京师范大学资深教授、中国教育学会名誉会长

◎唐虔，联合国教科文组织前教育助理总干事

深化教育现代化改革　促进世界可持续发展

——顾明远先生对话唐虔先生

2019明远教育论坛
新时代德智体美劳一体化培养体系建设
主办：北京明远教育书院
承办：江苏师范大学
江苏·徐州
2019.10

唐虔

唐虔博士，曾任联合国教科文组织教育助理总干事，负责联合国系统内的全球教育事务。1979 年作为国家公费留学生赴加拿大温莎大学留学，并获博士学位。1993 年入职联合国教科文组织，在总部教育部门先后担任处长、司长、办公厅主任和副助理总干事。2010 年在全球竞聘中胜出，被任命为教育助理总干事，时为该组织中职务最高的中国籍官员。

一位是教育大家，中国教育改革发展的亲历者、见证者和推动者；一位是在联合国教科文组织主管教育工作的岗位上工作多年的资深国际教育官员。2019 年 10 月 27 日，在明远教育论坛上，北京师范大学资深教授顾明远和联合国教科文组织前教育助理总干事唐虔，就“深化教育现代化改革，促进世界可持续发展”进行了对话。两位儒雅谦和的先生纵论中国教育现代化、全球可持续发展教育，不仅谈到中国经验，也谈到全球问题。尽显全球视野的对话，纵贯过去和现在、中国和世界，充满了历史的厚重和“横看成岭侧成峰”的思想高度。担任本次对话主持人的是北京师范大学国际与比较教育研究院滕珺教授。

一、与联合国教科文组织的故事

滕珺：尊敬的顾先生、唐先生，女士们，先生们，大家上午好。非常欢迎大家参加2019年明远教育论坛的高端对话活动，今年我们有幸请到了联合国教科文组织前教育助理总干事唐虔先生与顾先生进行对话。联合国教科文组织是当今世界各国教育发展理念的引领者，是国际教育标准的制定者，同时也是全球教育治理格局中最具代表性的国际组织之一。随着经济社会的快速发展，中国在国际舞台上发挥着越来越重要的作用，同时也承担着越来越多的国际责任。为此，顾先生特别强调研究国际组织的重要性，并多次呼吁加强国际组织的人才培养工作。唐虔先生在联合国教科文组织工作了近30年，是迄今中国在该国际组织中负责教育的最高官员。今年上半年，我给唐先生写信，希望他能与顾先生开展一次对话活动，没想到很快就收到了唐先生的回复，他说："虽然我跟顾先生从来没有见过面，但是我们神交已久。"二位的"神交"都源于联合国教科文组织，所以我想先请二位分享一下自己和联合国教科文组织的渊源。

顾明远：联合国教科文组织是一个很重要的国际组织，在全球教育治理方面发挥了非常重要的作用。我有幸参加过联合国教科文组织的会议，那还是 1974 年的事情。“文革”后期，中国恢复了在联合国教科文组织的合法席位，中国代表团参加了 1972 年的第 17 届大会。大会两年召开一次，我作为代表团的一员参加了 1974 年的第 18 届大会。在那次会议上，联合国教科文组织正在制定中长期教育规划。围绕规划，各个国家教育方面的提案有 100 多份。这 100 多份提案又可以分为两类：一类是非洲等不发达国家提出来的，他们那儿很穷，文盲很多，希望能够有立项支持扫盲的提案。另一类提案是发达国家提出来的，因为当时刚好经历了石油危机——石油危机是从 1973 年开始的——所以发达国家就提出来：我们的青年失业怎么办？它们希望设立成人教育项目，还有终身教育项目。当时我对终身教育一点都不知道，对成人教育还知道点，咱们国家也有成人教育。当然，西方当时的成人教育和我们不大一样，他们的成人教育主要是培训，我们的成人教育主要是补偿教育。但是，终身教育到底是什么？在国内做准备工作时，我问了很多北京师范大学的专家，大家都不知道什么叫终身教育。我们想，终身教育既然是发达国家提出来的，发达国家都是资本主义国家，那么这一定是资产阶级的思想，是资产阶级教育思想。当时，联合国教科文组织的教育委员会讨论了一个礼拜，最后要表决。对不发达国家和发展中国家提出的扫盲提案，我当然就高高举手，但是一到终身教育表决时，我就不知道怎么办了，既不敢反对——因为不知道、不懂，也不敢赞成，就弃权了。那时还有社会主义阵营，坐在我前面的是阿尔巴尼亚的代表，他总回头看我，我举手，他也举手；我不举手，他也不举手。

关于终身教育，我还闹了一个笑话。会议期间，法国教育部长要在凡尔赛宫宴请参会代表。国外的宴请就是拿着一杯水或者一杯酒走来走去，吃一点小点心。当时，一个澳大利亚的代表问我：你们中国怎么解决青年的失业问题？我一句话就给他顶回去了，我说："我们中国没有失业，我们的青年高中毕业后全部上山下乡，我们的农村有广阔的天地。"虽然现在听起来很可笑，但当时自己觉得立场还是很坚定的。一直到1976年，我才看到了联合国教科文组织的报告《学会生存：教育世界的今天和明天》。这是联合国教科文组织1972年发布的报告，但是1976年才传到中国。这个报告的影响很大，它结合了当时科学技术迅速发展，社会变革、生存环境变革的大背景，提出终身教育，提出要重视学习。这样，我们才理解了什么是终身教育。其实，在过去的70多年间，联合国教科文组织对世界各国教育发展的影响都很大。虽然中国现在的国际地位提高了，但是我们在国际组织中的人才太少了，国际组织中很多都是别人在决策，我们的发言权、话语权比较少。唐虔先生在联合国教科文组织工作后，我们中国才有点话语权。

唐虔：能和我非常敬重的教育界老前辈顾先生在这里对话，我感到非常荣幸。刚才顾先生讲在20世纪70年代初他去参加联合国教科文组织大会，他说中国没有失业，因为咱们的青年都在上山下乡。我那时就是上山下乡的青年之一，所以跟顾先生还有这个缘分。

联合国教科文组织实际上是一个国际性的推动智力合作的机构，不像世界银行用资金来支持一些国家的发展，联合国教科文组织主要是推动智力合作的机构，推动一些理念的发展。就像顾先生讲的，终身教育的理念是在20世纪70年代在联合国教科文组织发表的报告中提出的，因为当时中国还没有改革开放，所以几年之后才传到了中国，但后来这些理念对我们国家的教育发展还是有很大帮助的。联合国教科文组织集世界各国智力之大成，当然它的业务也有科学、文化，但教育是最主要的部分。它主要推动在全球范围内的教育合作与交流，特别是它作为思想库或者思想实验室会提出一些先进的理念，这是联合国教科文组织非常重要的，甚至是头等重要的一个任务。

我和联合国教科文组织的关系与顾先生比大概差了20年，顾先生是在1974年代表中国参加联合国教科文组织大会的。联合国教科文组织由几个部分组成，除了各国都派代表去参加的每两年召开一次的大会，同时它还有一个秘书处，负责日常的工作。秘书处有一个总干事，下设教育部门、科学部门、文化部门，来具体实施联合国教科文组织的政策和项目。我在顾先生去开会的20年之后，大概是在1993年，加入联合国教科文组织秘书处。作为联合国教科文组织的官员，我在那里工作了25年，直到去年退休。这25年，一开始我负责职业技术教育，后来担任教育部门的办公厅主任，再后来又当副教育助理总干事，最终在2010年担任教育助理总干事。在联合国教科文组织里，教育是一个大的部门，我最后8年负责的是联合国教科文组织的教育政策、方向、方针的制定工作，管理在世界各国实施的所有教育项目。之前我在中国的教育部工作，这些经历对我在联合国教科文组织的工作产生了重要影响。

通过我个人的经验，联合国教科文组织对世界各国的教育发展都起着非常重要的作用。我也认为，我们应该更多参与国际组织，参与世界舞台，把中国的教育经验传递出去。今天，中国已经走近世界舞台的中心，作为一个大国，应该在联合国教科文组织这样一个国际平台发挥更多作用，这也是后来我在联合国教科文组织教育部门执掌工作的一个重要感受。中国正在国际上发挥着越来越重要的作用，我经历了这样一个过程，看到了很多变化，我觉得这是一种幸运，能够看到中国在世界教育舞台上扮演着越来越重要的角色，影响力也越来越大。

二、中国教育的目标和全球教育目标是一致的

滕珺：非常感谢，顾先生跟唐先生的分享让我感受到了厚重的历史和鲜活的画面。2019 年是中华人民共和国成立 70 周年，2 月，中共中央颁布了《中国教育现代化 2035》，明确提出到 2035 年，总体实现教育现代化，迈入教育强国行列，推动我国成为学习大国、人力资源强国和人才强国。我们知道，2015 年联合国教科文组织也发布了《仁川宣言》和《教育 2030 行动框架》，提出要高举人文主义的旗帜，促进教育的可持续发展。因此，我想请教二位先生，如何看待《中国教育现代化 2035》所提出的目标与联合国教科文组织发布的《教育 2030 行动框架》之间的关系？

顾明远：我认为，中国在联合国教科文组织的发言权有一个转折点，这个转折点就是 1990 年在泰国召开的世界全民教育大会。"全民教育"提出要让世界各国所有的人都能接受教育，都能学习。当时世界上有 9 个人口上亿的大国，也就是国际社会常说的 E9 国家，在普及教育方面面临巨大的挑战，因此尤其受到联合国教科文组织的关注。中国就是 E9 国家之一，我们较早地实现了普及九年义务教育的发展目标，给 E9 国家起到了一个榜样的作用。后来，仁川会议也提到了"全民教

育”，要使所有人都不仅能接受教育，而且能接受良好的教育，教育要为可持续发展做贡献。中国因为在 E9 国家中率先普及了九年义务教育，所以，在全球教育治理方面也有了更多的发言权。

现在我们提出到 2035 年要全面实现教育现代化，这和联合国教科文组织提出的《教育 2030 行动框架》是一致的，我们国家坚持教育第一，把教育放在优先发展地位。中国的教育现代化跟全球教育的发展是紧密联系在一起的，一方面我们借鉴其他国家的经验，另一方面我们也有自己的经验，我们正在向世界各国贡献我们的经验。

唐虔：就像刚才顾先生讲的，我们国家教育现代化 2035 年长远规划，和联合国教科文组织推动的 2030 可持续发展教育目标是一致的。曾经我们和世界是脱节的，但是改革开放以后，我们逐渐融入了国际社会。改革开放，大门向世界敞开，我们积极参与到了国际事务中，特别是过去这几年，中央提出积极参与国际治理，中国教育和全球教育发展融为一体，而且是其中重要的部分。我们有 14 亿人口，占世界人口的 1/5，我们的做法影响着世界的格局。

刚才顾先生讲，1990 年在泰国召开了世界全民教育大会，当时确定了要推进“全民教育”，说 10 年以后要在全世界普及基础教育，但 10 年后，发现这事情不那么容易，它确定的几个目标还远远没有实现。于是，2000 年联合国教科文组织号召世界各国的教育部长还有其他一些国际组织，在塞内加尔的首都达喀尔又举办了世界教育论坛，定了 6 个全民教育发展的目标，要求到 2015 年实现 6 个目标。与此同时，联合国又提出千年发展目标，共 8 个目标，其中包括 2 个教育目标，一个关于基础教育，一个关于女童教育，也是限定在 2015 年达标。到了 2015 年，这个目标还是没有达到，但是中国的好几个目标全达到了。比如，当年说 15 年后文盲的数量要减少一半，结果全世界的文盲数量并没有减少，但是中国达到了这个目标，中国的文盲数量 15 年后就是减少了一半。还有一个目标，是普及小学教育，好多国家，特别是非洲国家没有实现，但是到 2015 年的时候，咱们国家不但普及了小学教育，而且普及了九年义务教育。关于扫盲，2015 年，联合国教科文组织的监测报告发现，全球的文盲率从 22% 降到了 18%，所以国际教育界非常高兴，说至少这个目标进展不错。为什么？就是因为中国在那 10 年里扫除了大概 1 亿文盲。中国这么大的体量，咱们的事要是干得好，全世界的指标看着就好看；咱们的事要是干得不好，全世界的指标就不好看。所以你看，中国今天在世界上的作用确实非常重要。

在 2015 年的时候，联合国教科文组织号召国际社会在韩国仁川又举办了一次世界教育论坛，这次发现 2000 年的目标还是没有实现，于是又提出了再过 15 年到 2030 年的目标，即“确保全纳、公平、有质量的教育，增进全民终身学习机会”，这个大的总目标下共设有 10 个小目标。其中 7 个目标是关于教育内容的，还有 3 个目标是关于教育措施和方法的。

这些目标和理念与《中国教育现代化 2035》的发展目标和精神是一致的。同时，这次可持续发展教育的目标特别强调人文主义的理念，就是说教育不光是传授知识、技能，还有价值观培养的问题，特别提出了全球公民教育和可持续发展教育，就是说要培养一代年轻人，让他们有责任感，既保持自己国家、民族和文化的特性，同时又理解其他国家和民族，能够促进世界各国之间的互相理解，同时为自己的国家和社会做出积极贡献，这样一种价值观和中国现在的教育理念是完全相通的。今天的中国教育和全球教育密不可分、互相影响。

三、“五育并举”对中国、对世界都很重要

滕珺：的确，正如二位先生所言，中国教育和全球教育密不可分、互相影响。联合国教科文组织在 2015 年发布的《反思教育：向“全球共同利益”的理念转变?》高举人文主义的旗帜，中国政府也反复强调立德树人的重要性，强调要培养德智体美劳全面发展的社会主义建设者和接班人。《中国教育现

代化2035》特别指出，要“全面落实立德树人根本任务，广泛开展理想信念教育，厚植爱国主义情怀，加强品德修养，增长知识见识，培养奋斗精神，不断提高学生思想水平、政治觉悟、道德品质、文化素养。增强综合素质，树立健康第一的教育理念，全面强化学校体育工作，全面加强和改进学校美育，弘扬劳动精神，强化实践动手能力、合作能力、创新能力的培养”。明远教育论坛聚焦“新时代德智体美劳一体化培养体系建设”这一主题，因此特别想请教二位先生，如何理解“五育并举”和教育现代化的关系，中国话语体系中的“五育并举”和联合国教科文组织可持续发展教育目标之间是何联系？

唐虔：我们今天讲德智体美劳一体化，把它作为教育现代化的基础，这个理念和目前全球教育发展的理念是一致的。当年联合国教科文组织最早推动“全民教育”的时候，主要提的是创造教育机会，特别是小学、女童的教育，这些是广大发展中国家面临的最主要挑战。在2015年要建立新目标的时候，大家都感到，虽然在20多年的发展中，各国的教育机会发展已经有了很大进步，但我们依然面临很多挑战：

一是仅注意了教育机会，而忽视了学生在学校有没有学到东西。很多学生在念了几年书以后，连简单的加减乘除都做不好，这说明教育不仅是机会的问题，还有质量的问题。二是现在世界上还有很多国家不安全，我们需要和平，一个国家若没有和平就没有发展。所以要思考教育应该对和平产生什么作用。教育要考虑我们应该培养什么样的人，除了传授知识和技能，还要传授给他一个正确的价值观，让他长大以后不好战，能理解、能对话、能促进和平，而不是对抗并最后产生战争。中国讲德智体美劳，孩子不仅要念书好，做人更要好，要有正确的价值观，长大后才能够对社会做出贡献。不仅中国这样提，现在世界各国也都提出了这样的问题。

联合国教科文组织新提出的可持续发展教育目标不仅关注教育机会，还提到了包容、平等，强调让弱势群体也有受教育的机会，同时还要讲教育质量，让学生到学校以后能够学到东西，并形成终身学习的理念。这也是联合国教科文组织对当下教育问题的应对策略。中国的德智体美劳一体化，和国际先进教育发展理念是一致的。我希望中国能把我们的经验和世界各国特别是其他发展中国家分享。

顾明远：培养德智体美劳全面发展的社会主义建设者和接班人，这跟世界发展的形势是一致的。70 多年来，联合国教科文组织发表了很多文件，但其中有三个文件是最主要的。

第一个文件是 1972 年发布的报告《学会生存：教育世界的今天和明天》，那是在 20 世纪六七十年代科学技术迅猛发展、生产快速转型的时期提出来的。当时，特别是 1973 年石油危机后，各个国家经济转型，很多青年失业。当时，联合国教科文组织提出“终身学习”，就是为了解决科学技术怎么继续发展、经济怎么转型、青年怎么解决失业等问题。

第二个我觉得对中国比较有影响力的文件，是1996年的《教育：财富蕴含其中》。20世纪八九十年代是世界资本主义经济发展最快的年代，再加上东欧剧变、1991年苏联解体，1996年的时候大家又都在期待面向21世纪，大家都充满了乐观主义的态度。所以这个报告的名字用上了“财富”两个字，就是说教育不仅可以增加个人财富，也可以增加国家财富，认为好像到了21世纪很多问题就都能解决了。当然，这个报告也提出了对我们的教育很有指导意义的“教育的四大支柱”——学会认知、学会做事、学会与人相处、学会生存。但是，没想到21世纪第一年就出现了恐怖主义，“9·11”事件的爆发一下子把这种乐观主义打破了，而且此后，恐怖主义不断地发展，这个世界越来越不安定。

2015年，联合国教科文组织提出了第三个文件，这就是《反思教育：向“全球共同利益”的理念转变?》。到底教育可以干什么？教育是培养仇恨的人，还是培养尊重别人的人、尊重世界和平的人？这个文件首先提出来的是要以人文主义为基础，尊重生命、尊重和平，教育要为可持续发展履行使命，要克服经济主义、功利主义的思想。这些理念跟我们现在强调的立德树人非常一致，我们到底要培养什么样的人？要培养能够尊重别人的人、尊重世界和平的人，而不是培养只考虑自己的功利主义者。我们应该回归教育的本质，教育的本质是要培养人，要立德树人，联合国教科文组织也在这方面提出了想法。此外，联合国教科文组织提出文化包容，习近平总书记讲文明因多样而交流，因交流而互鉴，因互鉴而发展，这也都是相通的。

唐虔：顾先生讲的我们今天要培养什么样的人，这是我们面对的主要问题。今天的中国和 40 年前相比在世界舞台上的地位大不一样，一个国家在发展的时候，年轻人一定要有国际视野，一定要向外看。联合国教科文组织的前任总干事松浦晃一郎是日本人，有一次我跟他谈话，他表示很担心现在的日本青年一代，说日本的青年一代没有国际视野，他们觉得日本挺好，在日本生活得挺好，不愿意走出去。年轻人应该如何面对这个世界，这是我们教育应该考虑的问题。今天的教育让年轻人形成什么样的世界观、价值观非常重要，讲德智体美劳全面发展不仅对中国自己的发展很重要，对世界和平与可持续发展也特别重要。

四、真正实现德智体美劳全面发展，助力全球可持续发展教育目标的实现

滕珺：我特别认同两位先生刚才讨论的这些观点，讲德智

体美劳全面发展不仅对中国自己的发展很重要，对世界和平与可持续发展也特别重要。中华民族向来崇尚和平，中国经济、社会特别是教育的发展只会助力世界和平与发展，而不是像部分西方媒体质疑的“中国威胁论”。因此，做好中国教育，讲好中国故事，是我们这一代教育工作者的重要使命。最后，我想请教二位先生，在中国教育现代化的进程中，在全球可持续发展教育推进的过程中，我们面临的最大挑战是什么？

顾明远：我们面临的挑战是多方面的。从教育来讲，挑战主要还是我们培养的人是不是真正能够达到中央要求的德智体美劳全面发展。70 年来，我国教育取得了很大的成绩，但是也要看到出现了很多问题，其中一个困扰我们的很大的问题，就是应试教育还没有完全得到克服，我们培养的人才的创新精神、创新思维还远远不够。现在是一个创新的时代，依托人工智能、大数据，科学技术发展日新月异，特别需要培养创新人才，但是现在我们在这方面还有很大的局限，应该说西方有些国家在这方面比我们做得好，它们在培养学生的创新精神、创新能力方面比我们强。比如芬兰，虽然没有什么资源，除了森林以外就是冰天雪地，但在世界上人均 GDP 可能占到前几位，靠的是什么？靠的是人才。

我比较担心的是怎么真正能够实现德智体美劳全面发展，真正能够做到提高素质，真正能够培养出创造性思维和世界视野。我们要实现教育现代化，最根本的还是人的现代化：人有没有高尚的人格，有没有创新的思维、创新的能力，有没有世界视野和眼光？这些都是我们当前面临的挑战。我们还是要强调转变教育观念、深化教育改革，特别是在评价制度上进行改革。我认为这个挑战不是短期的，而是比较长期的，我们的校长和老师们还需要不断努力。

另外，教育还遇到了新技术的挑战。现在大家都在讲“人工智能＋教育”，但到底“人工智能＋教育”怎么加？人工智能、大数据的优势在哪里？有没有风险？好像我们对此还比较迷茫。现在都在提倡大数据，大数据在经济上、生产上的应用是比较快的，但它在教育上怎么运用？这也是我们遇到的一个比较大的挑战：用得好会提高教育质量（它的目的就是提高教育质量）；用得不好也会出现问题，比如有的游戏会给学生带来负面影响。怎么正确利用信息技术，也是我们遇到的一个很大的挑战。

唐虔：刚才顾先生讲了当前教育遇到的挑战，我想从另一个方面补充一点，就是当前全球教育发展面对的挑战是什么？在2015年确立了新的可持续发展目标之后，今天世界各个国家面对的最大挑战和任务，就是如何在2030年达到它们设定的目标。在纽约举行的2015年联合国可持续发展峰会上，世界190多个国家的政府首脑或者国家元首签字承诺，将在15

年内达到全民教育的目标。现在已经4年过去了，最近联合国教科文组织做了一次评估，看4年过去了各国发展得如何，但发现结果并不乐观。这个目标的第一个要求是，在2030年全世界要普遍实现免费的12年教育，如果按照现在我们评估的情况，11年之后到2030年世界各国所能做到的至多是60%的学生可以完成12年的教育。当时，我们也曾提议不要设置这么高的目标，先实现普及10年义务教育——1年学龄前教育再加9年基础教育，但当时外交官和政治家们实现宏大愿望的声音比较强烈。在4年前确立这个目标的时候，全世界高中入学率才40%，所以现在来看，15年内一下子达到100%是不可能的事，实现这个目标是很困难的。

有没有其他新的方法、新的政策、新的方式加快发展？有没有国家能够做到并且把经验拿出来和世界分享？我们来看一下中国做得怎么样。中国正在普及高中教育，估计到2030年应该没问题。中国的经验能不能同世界其他各国，特别是其他发展中国家分享？中国能不能帮助它们，让它们从中学到管用的东西？中国的发展和世界的发展密不可分，以前是我们向"它们"学习，现在我们也该把我们的经验拿出来让"它们"学一学，因为我们确实做得比许多国家好。另外，中国教育发展的政策方向、方针战略都很清楚，下一步需要的是长期的努力，需要的是四个字：坚持不懈。现在我们做得远远不够的是什么？就是把我们的经验输出到其他国家，让其他国家能够有所借鉴。事实上，联合国教科文组织已经开始着手，推动中国教育发展的经验与其他发展中国家分享。

（本文由滕珺、刘华蓉整理）

◎顾明远，北京师范大学资深教授、中国教育学会名誉会长

◎霍华德·加德纳，美国哈佛大学教授

◎霍普·莱希特尔，美国哥伦比亚大学教授

教育传递和平善意，促进国际理解合作

——顾明远教授对话霍华德·加德纳教授和霍普·莱希特尔教授

霍华德·加德纳

霍华德·加德纳，美国哈佛大学教育研究生院认知和教育学教授、心理学教授，波士顿大学医学院精神病学教授，“多元智能理论”的创始人。出版的 30 多本著作被翻译成 32 种语言，发表论文数百篇。加德纳教授是哈佛大学著名教育科研项目“零点计划”（Zero Project）的首席研究员，还担任“艺术项目”（Art PROPEL）和“向善项目”（The Good Project）的主任。鉴于他的研究在世界各国被广泛应用，《纽约时报》称他为美国当今最有影响力的发展心理学家和教育学家。

霍普·莱希特尔

霍普·莱希特尔，哥伦比亚大学师范学院教育学教授，研究领域包括亲属关系、家庭教育及社区的意义、家庭与学校教育改革等。霍普·莱希特尔教授从独特的视角，探究家庭在教育中扮演的角色，家庭、社群的共同文化记忆，以及博物馆等公共空间对于教育下一代的深刻影响。霍普·莱希特尔教授曾获富布赖特基金和法国政府的研究资金、约翰·西蒙·古根海姆基金会的研究资助，且荣获哥伦比亚大学师范学院学生议会的年度杰出教授奖。

新冠肺炎疫情的全球蔓延改变了全球发展的秩序和框架，在这样的世界百年未有之大变局中，加强国际理解，培养学生的全球意识至关重要。2020 年 9 月 19 日，北京师范大学资深教授顾明远与美国哈佛大学教授霍华德·加德纳（Howard Gardner）、哥伦比亚大学教授霍普·莱希特尔（Hope Leichter）展开对话，三位教授围绕儿童在应对全球化发展中应具备的品格及能力，深入探讨了全球胜任力在当今国际社会当中的重要意义以及可能的实践模式，以培养具有全球胜任力的新一代人才。对话由哥伦比亚大学校友燕柏彤女士主持。

一、凝聚抗疫合力，全球意识凸显

燕柏彤：2020 年是一个非常特殊的年份，三位教授觉得疫情对全球的教育产生了什么影响？

顾明远：2020 年春天，一场突如其来的新冠肺炎疫情打乱了人们的生活，经济社会发展受到了很大损失，教育也受到了很大冲击。从这次世界各国对抗新冠肺炎疫情的情况来看，西方许多国家各自为政，缺乏全球抗疫合力。现在，世界卫生组织和许多国家首脑都呼吁保护多边主义，强调只有通过国际合作才能战胜疫情。但是很多大国还是把抗疫政治化，甚至造谣“甩锅”，使得疫情失去了控制。当前逆全球化、单边主义、民粹主义、保守主义的思潮有所抬头，疫情期间不少国家不断出现种族歧视、隔阂言论和行为，使得世界很不太平。但是我们认为，全球化的大势是不可阻挡的。首先，在经济时代全球的产业链不可能中断，各个国家无法摆脱相互依存的关系。其次，科技的发展是没有国界的，在科技迅猛发展的背景下，各国为了自身的发展也必然会相互借鉴，共创共享。这次疫情的肆虐，一方面出现了各国保守主义的抬头，另一方面国际社会也更加重视健康卫生领域的合作，以应对有可能常态化的公共卫生危机。最后，旅游业已经成为各国经济发展的一部分，特别是随着物质生活水平的提升和交通的便捷，人们对异国他乡的文化的好奇心，驱动着越来越多的人想到别的国家去看看。尽管在短期内，这一行业受到了影响，但是一旦疫情得到控制，人们的这种内在需要一定会爆发出来，有增长的势头，由此带来的人口流动、文化交流势头是不可阻挡的。

今年确实是个特别的年份。新冠肺炎疫情肆虐全世界，这更让我们感觉到世界是一个整体。所以，我们要教育孩子们了解生命的可贵，同时也要了解人类命运共同体。我们要有开放的心态，为了人类的未来，合作起来，抗击新冠肺炎疫情。同时，欢迎其他国家的人来中国学习、旅游、交流，传授他们先进的经验。在后疫情时代，加强少年儿童的全球意识教育尤为重要，少年儿童是国家的未来和民族的希望，人类的发展、世界的未来完全依靠他们。而教育是和平的种子，是国际理解的桥梁，只有年轻一代秉持全球意识，加强文化合作，促进互相理解、互相信任，才能使世界丰富多彩，持久和平。

霍华德·加德纳：这场疫情让所有人都开始思考两个问题：第一个是思考自己的工作和生活中最重要的是什么，就如同一名教师教授小学二年级的学生，那么就应该思考在其教学大纲中的 23 个知识点中最重要的 3 个是什么，其他职业也一样。第二个是社会的不平等，比如城市的受教育人口比例比偏远地区或少数民族的受教育人口比例要高，我们要尽力去减少而不是加剧这种不平等状况。当今世界已经进入全球化时代，跨国界、跨文化合作交流频繁，全球意识的培养尤为重要，诸如环境、能源和安全等挑战更需要全球协作共同应对，美国在这方面做得非常不好。

霍普·莱希特尔：我非常赞同顾教授刚才的看法，作为教育工作者，我们要把新冠肺炎疫情看作加强全球相互理解的机遇。对所有人来说，疫情都是一个非常艰难的挑战。我们也要找到新的教学方式，要适应线上教学、线上学习、线上开会的新模式。同时，必须在不断变化的世界中建立其他形式的教育，用以补充学校教育，从而扩大教育的影响，比如利用家庭教育加强全球意识培养——因为家庭教育本质上就是跨学科的，所以家庭是一个非常好的理解世界的教育环境。

二、创新教育模式，推广国际理解

燕柏彤：三位教授在谈到疫情对全球教育发展的影响时，都不约而同地提及全球意识培养的重要性，那么我们该如何培养这种全球意识呢？

顾明远：改革开放以来，我们中国就不断邀请外国专家、教师到我们学校里讲课，我国有国际学校和国际班，有很多外国教师，他们不仅教授外语，而且带来了他们的文化。同时，他们生活在中国的环境里，也了解了中国文化。我们提倡在中小学开展国际理解教育，北京师范大学国际与比较教育研究院就设立了一个国际理解教育研究中心，研究如何开展国际理解教育。中心工作人员在北京、天津、成都、苏州等几个城市开展了国际理解教育相关实验，在学校开设了国际理解教育专门课程，编写了国际理解教育课外读物，积累了大量研究成果和有趣的实践案例。比如，他们联合日本、丹麦等不同国家的学者一起在各国的中小学开展了一项叫作“一块巧克力”的教学实验。他们问世界各国的小朋友：如果A和B是好朋友，A临时委托B帮忙保管自己的巧克力，但是B在没有征得A同意的情况下把巧克力吃了，那么请问小朋友们怎么看待这件事？不同国家的小朋友有不同的看法。有的小朋友认为这没什么，不必介意；有的小朋友虽然心里很不高兴，但是碍于面子而没有强烈的反应；还有的小朋友表示这违背了朋友相处的基本原则，很生气，甚至要断绝朋友关系。这其实是三种不同的友谊价值观，但又很难评判孰是孰非。因此，我们要把其他国家的调查结果给每个国家的小朋友看，让他们讨论为什么其他国家的小朋友会有这样的思考、友谊的本质和边界是什么等问题。经过讨论，小朋友们对其他国家的文化有了更深的认识和了解，在面对矛盾冲突时，和平解决问题的能力也得到了提高。我们在天津的实验区也开展了一堂主题为“你会问好吗?”的国际理解课，让学生们借助网络信息了解并体验不同国家的问好方式。有的国家的问好方式中国学生能够适应并接纳，但有的国家的问好方式中国学生就很难接受，这时学生们就要想办法解决这个矛盾，既不委屈自己，又要充分表达出自己对对方的一种友好情谊。当然，这种课程并非一定要成为一门独立的课程，也可以渗透到学科教学当中。通过活动，使我们的孩子从小了解世界，了解地球上生活着许多民族，有着不同国家，有着不同的语言和文化。教育我们的学生在继承和发扬本国文化的同时，尊重别国的文化，吸收别国的优秀成果来丰富自己的文化，从而培养具有国际视野、开放心态的国际化人才。

我们特别提倡青少年之间的直接交流，通过夏令营、研学旅行等方式开展。北京中小学的金帆艺术团就曾经多次访问欧洲、美国，许多中小学组织学生到国外游学。我的一个学生的孩子前年参加了小学乐团，到维也纳等地的合作学校交流。她住在教师家里，受到了当地文化的熏陶。她在回来以后，滔滔不绝地跟我们讲她的故事和见闻。外国的孩子到中国来，会受到中国人民的热情款待，也会对中国的文化有所了解。这种交流是少年儿童全球意识养成的最好方式。学校间的交流合作也很重要，同时，互联网又为学校之间提供了便捷的交流方式，中国的许多学校和外国学校结成了合作伙伴。例如，河北石家庄外国语学校就成立了“全球基础教育研究联盟”，与十多个国家的几十所学校结成了合作伙伴，每年都开一次年会。“全球基础教育研究联盟”第五届年会有 10 个国家的 52 位校长、老师来参加，光美国就有 11 个州的 36 位学者参加，还收到了美国国会议员、州长、市长发来的 18 封贺信。这些外国校长、老师还到河北山区参观了当地的学校，了解了中国教育的实际情况和当地文化，相信他们也会把这些经历带回去分享给他们的学生。因此，学校和老师间的交流很重要，因为他们会间接地加强少年儿童的全球意识教育。

霍华德·加德纳：我认为培养学生全球意识的重要一点是如何教育儿童处理更复杂的问题，比如民粹主义的抬头。我非常喜欢顾明远教授刚才讲到的“一块巧克力”的例子，我们看到不同文化背景的孩子对这件事的反应非常不同，这能够帮助我们了解人们对一件事的理解在不同文化下是不同的，并思考如何促进不同文化之间的理解，这应该是我们讨论的开始而不是结束。我们的家长和老师都应该是孩子行为方面的榜样，在提到全球胜任力的时候，我们更应该想到自己和身边的人是如何行事的。比如说，我们家长一般都请什么人到家里做客，跟他们互动的方式是什么样的。或者，我们教育工作者在与学生互动的过程中如何给学生留下更深刻的印象。最后，我们要考虑，同他人进行互动时是否只是相同文化、背景之间的互动，这种单一的互动可能无法满足所有人的需求，比如线上和线下的模式是不同的。所以，要把学生分为不同的小组，让他们用不同的方式表达自己。最后我想说，对于家长来说，如何管理家庭很重要，对于教育工作者来说，如何管理课堂、如何从孩子身上学习很重要。但只做到这些并不够，因为我们面临着更加复杂的国际环境，就像顾明远教授刚才说的，近两年的全球化明显呈倒退趋势，所以加强全球意识的教育更为重要。

霍普·莱希特尔：除了学校以外，我们还可以关注图书馆、宗教机构、社区中心、医院、媒体等等。比如，博物馆不仅拥有迷人的历史，还拥有过去不存在的创新教育方法。实际上，一些博物馆正在迈入教育领域，例如纽约市的美国自然历史博物馆，它提供科学博士学位教育，有超过200名科学家在其中工作，同时提供硕士学位教育和正规的学士学位教育。除此之外，它还提供各种可能的教育。教育是一个蓬勃发展的领域，我们需要建立新的机构、关注新的机制以让我们审视不同观点，寻找新的方法，供未来他人理解。

三、尊重多元文化，共创和平世界

燕柏彤：非常认同三位教授的观点，国际理解教育需要通过更多创新的方式进行推广，那么教育工作者在开展国际理解教育时应重点注意哪些问题？各位教授有什么具体的建议吗？

顾明远：我们教育工作者的责任就是教育下一代尊重生命、尊重他人、尊重和平。为了世界和平，我们要教育下一代认识当今世界的现实，尊重不同国家和人民的价值观，尊重各民族的文化传统，尊重他们所选择的社会制度和切身利益。要做到这一点，第一步，也是最重要的一步，就是相互了解，然后相互信任，共同发展。怎样才能做到相互了解呢？要靠交流，靠文化和教育交流。2008 年在北京举办的第 29 届奥运会的主题口号是“同一个世界，同一个梦想”，奥运会在世界人民的共同支持下取得圆满成功，这是世界人民相互交流、相互了解、相互支持的典范，同时又进一步促进了世界人民的相互交流和相互了解，为世界和平做出了贡献。体育的交流为我们做出了榜样，我们教育的交流尤为重要，因为教育交流不仅仅促进成年一代人的相互了解，更重要的是影响到未来一代青少年的相互了解和相互信任。教育是最好的交流形式，教育交流涉及的范围非常广泛，包括语言、科学技术、教育思想、教育内容和教育方法等，特别是人员的互访、教育的合作能够起到相互沟通、相互了解的作用。

联合国教科文组织于 2015 年发布了一份报告，叫作《反思教育：向“全球共同利益”的理念转变?》。这份报告提出，教育要以人文主义为基础，尊重生命和人类，推动权利平等、社会正义、文化多样化、国际团结以及为可持续的未来承担责任。今天看来这个观点尤为重要。人类文明的发展告诉我们，文明是靠交流、融合发展的，同时，文明的发展离不开生产和国际之间的贸易合作。人类文明是在生产发展的基础上发展起来的，经济的全球化使得各国、各民族、各文化实体之间互相依存，谁也离不开谁。在经济全球化的过程中，各国也会因保护自己的利益而发生冲突，但是在全球化的背景下，冲突的双方不可能消灭对方而自我存在。既然要互相依存，就需要和平对话，创造一个共创、共享、共荣的世界。习近平主席 2014 年 3 月 27 日在联合国教科文组织总部演讲时说，“文明因交流而多彩，文明因互鉴而丰富。文明交流互鉴，是推动人类文明进步和世界和平发展的重要动力”，同时说，“让教育为文明传承和创造服务”。

霍华德·加德纳：我认为艺术是全球意识教育的一个非常好的切入点。我的理由如下：第一，艺术是一种通用的语言，任何地方的年轻人都可以接触来自世界各个角落的音乐、戏剧、绘画、雕塑、书法、故事与诗歌，而且艺术与设计当然也包含衣着、时尚、电影、网游等——这些都是年轻人热衷的事物——社会生活的重要组成部分。第二，在艺术中，年轻人的确扮演着各种各样的角色，他们可以是创作者、欣赏者、评论家或者反思者，他们既可以在一种媒介中进行创作，也可以在多媒体平台进行实体或者虚拟创作。第三，关于科学发现或者关于道德伦理的言论本身就自带争议性，它们会使人们针锋相对。人们也会就艺术问题进行辩论，但是最后大部分人会做出让步，因为“关于品位，没什么可争论的”。我们每个人都既可以有自己的艺术偏好，也可以向别人描述或捍卫这些艺术偏好，我眼中的美不一定是你眼中的美，而且这些偏好可以随着时间的改变而改变，没有任何负面影响。或许我可以学着欣赏 J. K. 罗琳的作品，你则可以试着欣赏弗吉尼亚·伍尔芙的小说。

无论从哪个角度来说，注重艺术都有益于培养学生的全球意识。首先，艺术是一种了解别的文化的好方式。虽然我们或许完全不了解世界另一端的某个国家或社会，但是我们可以通过艺术作品接近它们。而且，有时我们会惊喜地发现自己可以理解来自一个从未听说过的国度的艺术作品，而我们搞不懂的艺术作品则出自自己身边年轻人之手。其次，艺术可以引导我们欣赏别的美德，例如真相的美德。艺术能引起各种各样关于历史问题的讨论——谁创作了这件作品、为什么创作、用了什么工具、反响如何等，而有些这样的问题与真和假有着密切联系。艺术作品的生产和观赏能引发各种各样关于科学的问题：颜料是怎么生产的？为什么有些人听到音符而有些人听到不和谐的和弦？能不能用书面的形式记录一支舞蹈的精髓？有什么是书面文字还原不了的？例如善的美德，我们从一些较为轻松的问题开始：如果一件艺术作品是假的，那么有没有关系？如果一本回忆录是虚构的，那么我们对它的看法会改变吗？一个好人有可能会创作出一件不好的、破坏性的作品吗？比如，一张关于种族和谐的海报是否可能导致一场暴乱？或者一个坏人有可能会创作出吸引人的作品吗？例如莱尼·雷芬斯塔尔的《意志的胜利》是一部极具才华的电影，无论是在构图、剪辑、配乐还是在人物塑造上，都表现出一种关于秩序与力量的庞大美感，展现出灵气、优美和感性的复杂动态，但是它的核心是宣传纳粹主义。我们可以焚毁某些艺术作品吗？什么时候？哪些作品不能被焚毁？

说到这里，我想澄清一点，不通过接触、创作、评论艺术，我们当然也可以探索关于真相或善恶的问题，但是这些更加直接的探讨方式会产生破坏性后果，所以请考虑另一种切入方式。通过艺术之美来探讨真和善问题好处有二：首先，艺术作品可以用一种更加顺畅且不具破坏性的方式让人接触关于真和善的问题；其次，即使其他美德没有如预期般被联想到，学生至少也有了一次艺术体验，我们希望这次艺术体验是愉悦的、有教育意义的。艺术充满了人类经久不衰的宝藏，有些是法律方面的先锋，有的是医学、科学或政治先锋。早在旧石器时代，世界上的每一种文化都产生了艺术，产生了许多具有跨时空、跨国界意义的作品，千年前的洞穴壁画和博物馆中19世纪、20世纪的印象主义或表现主义的作品一样有价值。我建议我们应该充分以艺术这一世界通用的语言为起点，实现一场真正的全球意识教育。生命是短暂的，艺术是长久的。

顾明远：全球意识教育要从娃娃抓起，家庭、博物馆以及其他教育机构确实起到很重要的作用。同时，随着孩子的成长，全球意识教育也要与时俱进，以孩子能够理解的方式进行。加德纳教授通过艺术来进行教育确实是很好的切入点。如舞蹈、音乐等，我们五十六个民族都有各具民族特色的舞蹈和音乐。通过舞蹈和音乐，也可以了解我们与其他国家的差异；通过文化和艺术的交流，可以了解世界的多样化。艺术无国界，并且穿越了时空，虽然贝多芬已经过世几百年了，但是音乐会还都会演奏他的作品。当然，科学也是无国界的，通过科学教育让孩子认识大自然，认识各个国家的地理环境。观赏美好的风景也是全球意识教育的重要组成部分，就像我刚才讲的旅游、中小学的研学旅行。

霍华德·加德纳：除了顾先生刚才提到的艺术与科技，我们在教育儿童的时候也要思考如何引起孩子的兴趣，或者让孩子给我们讲一讲他们印象深刻的事物。大家的职责就是扩展孩子的经验和体验，就像如果仅仅讨论《星球大战》《米老鼠和唐老鸭》这些例子就太单调了，一定要多样化，要传递给孩子一个信息：和他人进行交流、发表看法的时候不仅仅有一种正确的方式。比如，对一件物品，我们既可以从历史的角度观察，也可以从科学的角度观察，但是我认为，对年幼的孩子开展全球意识教育，还要给他们看得见、摸得着的物品（比如六岁的小孩喜欢的音乐和食物），并随着年龄的增长不断深化。

顾明远：是的，就像刚才我举的"一块巧克力"和"你会问好吗?"的例子，国家或地区之间确实有差异。通过不同的方式锻炼孩子们的思维习惯和价值观，让孩子们开阔眼界、开阔胸怀，培养他们的开放心态，这对他们的成长都是有好处的。家长应该鼓励孩子多与其他国家或地区的孩子交往，增加友谊、增进了解，同时要教育孩子尊重和包容其他国家的文化和习惯，哪怕这些文化与我们的文化很不相同。

霍普·莱希特尔：我同意顾先生的观点，不能只局限于学校教育，要通过不同的方式让学生学习。比如儿童博物馆是新兴的博物馆之一，其理念是让儿童和家庭可以从他们一起探索的地方受益。曼哈顿儿童博物馆已经举办了许多场展览，它们是为孩子和成年人一起设计的。有一个关于健康的展览，它使孩子可以爬到一个从喉咙到肠子的模型里，检查身体里都有什么，引导孩子思考人体的构造。此外，还有可以进入心脏的模型，给孩子提供在心脏中探索和检验的机会，同时在成年人的视平线上也贴有标记，解释了健康饮食和充足睡眠的重要性。这告诉我们要重视通过探索来学习知识的方法。曼哈顿儿童博物馆有一个展览令我的二儿子和他一岁多的女儿印象深刻，这个展览有很多扇小门，每扇小门都有不同的门锁，孩子可以握住它前后滑动或者旋转、上下移动，可以遵循自己的好奇心去探索和检验，同时，带孩子的成年人可以观察孩子在做什么，并且亲自尝试。通过探索实践加强国际理解教育也是很好的方法。

燕柏彤：非常感谢三位教授的分享。的确，在这个看似被新冠肺炎疫情打乱的全球化时代，全球化发展的基本趋势是不变的，加强学生的国际理解教育，培养学生的全球意识从未像今天这样重要。三位教授从不同的角度给我们的教育工作者提供了切实的建议和生动的案例，比如“一块巧克力”的实验，比如艺术教育的独特价值，比如博物馆可能的功能，这些都为我们提供了很多启发。最为可贵的是，三位教授都反复强调尊重多元文化、促进世界和平的基本价值立场，我想这也是所有教育工作者的心中所愿。再次感谢三位教授参与今天的活动，也感谢线上线下的观众参与今年的讨论。

（本文由滕珺、韩思阳根据对话内容整理）

◎顾明远，北京师范大学资深教授、中国教育学会名誉会长
◎钱颖一，清华大学经济管理学院院长

中国的经济转型和教育转型

CYFC.

钱颖一

钱颖一，生于北京，祖籍浙江。1981 年清华大学数学专业本科毕业。毕业后留学美国，先后获哥伦比亚大学统计学硕士学位、耶鲁大学运筹学/管理科学硕士学位、哈佛大学经济学博士学位。之后任教于斯坦福大学、马里兰大学、加州大学伯克利分校。2006—2018 年任清华大学经济管理学院院长。现任中国人民政治协商会议第十三届全国委员会经济委员会委员、全国工商联副主席、西湖大学校董会主席、国务院参事室参事。

学术荣誉：当选为世界计量经济学会（The Econometric Society）会士（Fellow），获得 2009 年孙冶方经济科学奖、2016 年中国经济学奖。研究领域：比较经济学、制度经济学、转轨经济学、中国经济。担任《经济学报》《清华管理评论》《教育》主编，《经济研究》编委会委员。中文著作包括：《现代经济学与中国经济改革》、《现代经济学与中国经济》、《大学的改革》（共五卷）等。多篇论文发表在《美国经济评论》（*The American Economic Review*）、《政治经济学期刊》（*Journal of Political Economy*）、《经济学季刊》（*The Quarterly Journal of Economics*）、《经济研究评论》（*The Review of Economic Studies*）等国际、国内学术期刊上。

党的十一届三中全会以来，经济高速增长带动了中国的教育事业发展，当下中国已步入中等收入国家行列。随着中国经济社会的快速转型，原有的教育体系也迎来了新的转型期。顾明远和钱颖一两位先生在这一时代背景下进行了主题为“中国的经济转型和教育转型”的演讲和高端对话。对话共同提出，面对当前的主要矛盾，教育应以人文主义为基础，着眼于培养人格健全、全面发展、高素质、高教养的创新型人才。

2017 年 4 月 16 日，由北京明远教育书院、中信出版集团《比较》编辑室和青岛伟东云教育集团联合主办的“中国的经济转型和教育转型”主题读书会在 COYARD 金融空间举办。著名教育学家、北京师范大学顾明远先生与清华大学经济管理学院院长钱颖一先生发表主题演讲，就社会普遍关心的教育改革、创新人才和人才培养等话题展开了深入讨论。担任本次对话主持人的是中国教育电视台主持人赵茁耳。

一、推动教育转型，促进全面发展

赵茁耳：各位好，欢迎大家来到金融空间，我们今天读书会的主题是“中国的经济转型和教育转型”。我是中国教育电视台的新闻节目主持人赵茁耳。都说大好春光不能辜负，身体和灵魂总有一个要在路上，要么运动要么读书。虽然北京的春天实在是太短了，但是所幸我们今天还能有一场思想盛宴。让我们用热烈的掌声欢迎著名教育学家顾明远先生和清华大学经济管理学院院长钱颖一。

顾老师从 19 岁开始到现在从教已经快 70 年了，曾担任北京师范大学副校长、研究生院院长、教育管理学院院长，还是国内外很多大学的名誉教授。多年来，他出版过 30 多部专著，就在 2016 年的 8 月，顾先生 86 岁高龄时，又有一本新书《中国教育路在何方》面世。在这本书里面先生总结了四句话，分别是没有爱就没有教育、没有兴趣就没有学习、教书育人在细微处、学生成长在活动中。接下来有请顾明远先生做主题演讲。

顾明远：教育是千家万户关心的问题，我 1948 年高中毕业以后，本来是想继续攻读大学，目标是清华大学建筑系，但是没考上。那时高中的办学条件很差，什么仪器设备都没有，都是在黑板上讲实验，所以我物理化学这些课程的分数很低。之后，我去上海当了小学教师，我很喜欢和学生在一起，看到学生成长也有成就感，而且感到培养人才很重要。所以，1949年在新中国成立前夕，我考入了北京师范大学，真正步入教育界。

我和钱院长是在中国教育三十人论坛上认识的，另外我们都是国家教育考试指导委员会委员，高考改革时我们在一起讨论过。经常有人问我哪一个国家的教育好，我说这个问题很难回答，因为每个国家都有自己的文化传统。很多人写文章把我国的教育跟美国的教育比较，说美国学生的数学很差，而我们的学生基础知识很牢固很好，说我们的孩子出去留学，三年级的学生到那儿可以上五年级。但是，我们的孩子被教育束缚得太厉害，负担太重，教育对孩子要求太多。我们的传统文化跟美国不一样，我们受儒家文化的影响很深，强调学生听话、循规蹈矩。

从经济学的角度来讲，我们国家之前是小农经济，小农经济是保守的，不求开拓新的世界。而美国不同，美国是一个只有200多年历史的移民国家，崇尚自由主义和个人主义，移民开拓疆土就要竞争、斗争。2006年温家宝总理召开过一次座谈会，提到我们的教育跟美国教育的比较，我说我们的教育有“高原”，但是没有“高峰”，而美国教育虽然平均分没有我们高，但是有“高峰”。

教育的很多矛盾其实都是社会矛盾的反映，比如现在教育竞争激烈的原因是为了找到一份好的工作。之前成都为了减轻教育负担，规定小学生书包的重量不能超过体重的1/4，网上对这个政策议论纷纷，当时我恰巧在成都，参加了成都市教育局召开的座谈会，其中有家长和学生代表发表意见。有学生说他最希望能有一天“无作业日”。和“无车日”“无烟日”一样，这是个很简单的愿望。虽然减轻书包重量的想法很好，但这是个治标的办法。我希望大家取消奥数班。有的人说孩子不上奥数班就上不了好的初中，上不了好的初中就上不了好的高中，上不了好的高中就上不了好的大学，上不了好的大学就找不到好的工作，找不到好的工作怎么养家糊口？当然这是可以理解的。

确实，现在大家对教育的理解已经越来越深了，这是很必然的事，也是一件好事。过去是少数人上大学。“文革”之后恢复高考，第一届高考报名570万人只录取27万人，到1999年高等教育扩大招生之前，我们国家的高等教育录取率仅有8.9%，当时是精英教育。现在我国已经普及了义务教育，马上就要普及高等教育，已经进入大众化教育的阶段，人人都可以上学，那么是上好的学校还是上差的学校就是教育的公平问题。

我们过去经济不发达，让少数人先富起来，然后带动全社会逐步摆脱贫穷。现在，我们已步入中等收入国家行列，就要重视社会的公平和正义，教育的公平同样也在这个时候体现出来。虽然现在的教育问题比较多，但这是好事，教育确实需要改革。教育是一个国家政治经济的反映。我曾写过一篇文章，其中的一个观点是现代教育体系是现代生产的产物，教育与生产劳动相结合是现代教育的普遍规律，这篇文章引起了争论，一直到 20 世纪 90 年代初的时候还有人批判我的这个观点。为什么我说教育是现代生产的产物？教育历史的发展是先有大学——12 世纪在意大利一批青年学者研究学问的地方。工业革命以后，工业生产要求工人有文化和知识，于是出现了主日学校和儿童学校。1859 年，美国发布了普及义务教育的文件——到现在不到 200 年时间——到这个时候才有小学，所以我说现代教育体系是现代生产的产物，是工业革命以后的产物。教育与生产劳动相结合是普遍规律，要大生产就要有文化，就要和教育相结合，所以要以生产力来理解教育。虽然我不是经济学家，但是我也很关心教育与经济的关系。我认为，教育改革就是经济转型的一个重要标志，对经济转型有很重要的意义。

1974 年，我参加了联合国教科文组织第 18 届大会，当年联合国教科文组织正在制定中长期教育发展规划，要求各个国家提出希望设立哪些项目的提案。发展中国家很穷，文盲很多，因此希望办初等教育。发达国家正在经历1973年石油危机，很多青年失业，因此希望发展成人教育和终身教育。我国当时也有成人教育，但我并不了解终身教育，等到表决的时候我既不敢举手也不敢反对。之后我看到了一份联合国教科文组织的报告《学会生存：教育世界的今天和明天》，这份报告是由法国前总理埃德加·富尔牵头写出的。富尔在前言中讲到，六七十年前科学技术的发展不仅引起了生产的变革，也引起了社会的变革，所以现代再也没有比科学技术发展引起的变革更重要的了。

人类社会已经进入了学习化的社会，就像《学会生存：教育世界的今天和明天》中说的，人要终身学习，不断学习。1980年暑假，我在北京市高校干部培训班和大家讨论教育问题。当讲到终身教育的时候，我就讲到马克思的《资本论》和教育经济学。其实马克思《资本论》涉及了这个问题，有三点：一是以往的生产方式都是保守的，而大工业机器生产的技术基础是革命的，二是大工业机器生产造成了劳动分工的细化和工人的流动，三是要用全面发展的人来代替局部发展的人。全面发展是提高技术，既包括体力也包括脑力。培养全面发展的人就是将劳动与教育相结合，这是改革社会的唯一途径。

马克思、恩格斯在《共产主义原理》这本书里面就讲到，未来的人可以根据自己的兴趣爱好和社会的需要，从一个岗位转到另一个岗位。这种思想跟终身教育的思想是一致的，所以要不断学习。今天我们人人都要享受教育，教育最终还是要以人为本，教育的本质应该是提高人的生命质量和生命价值。人不光要有知识，还要有文化、有修养，有丰富的精神生活，提高生活价值，为社会做出更大的贡献，为人类做出更大的贡献。

教育是人类未来的事业，要看清教育的本质。2015 年联合国教科文组织发布了题为《反思教育：向“全球共同利益”的理念转变?》的报告。面对当前各种各样的矛盾，我们培养学生要以人文主义为基础，使学生尊重生命、尊重人类、尊重和平，能够为教育持续发展承担责任，这就是我们今天要追求的教育理想，谢谢大家。

二、呼唤创新人才，坚持“思行合一”

赵茁耳：谢谢顾老师的精彩演讲，下面欢迎钱院长给大家做主题演讲。

钱颖一：非常高兴今天能来参加这个活动，在座的听众很多是来自金融界、企业界和投资界的同人们。我的学科背景是经济学，这也是我多年做学术研究、政策研究的领域。之后我和顾明远先生还有一个对话。顾先生是中国教育学界的泰斗，既是教育家又是实践者。我的专业从学科上来讲是经济学，但是十多年来，我一直在清华大学经济管理学院，所以我对我自己的定位就是教育的改革者和实践者。

在与顾老师对话之前，我想简略地介绍一下我的一些想法以及这十多年来的心路历程。我跟顾先生不一样，我原来是一名经济学者，跨到了教育界。我本人跨界的意义就是我们今天读书会的主题“中国的经济转型和教育转型”，这两个转型之间是非常有关联的。

2018 年是中国改革开放 40 周年，这 40 年里中国的改革开放取得了巨大的成就。我国的经济要继续发展就需要转型。转型既包含着从过去计划经济到市场经济的转型，也包含着从低收入到中等收入的转型，以及从现在的中等收入再向高收入的转型。转型中有一项非常重要的共识，就是创新。

创新意味着多方面的改变，包括产业结构的改变，产业、企业的升级，企业国际化，等等。创新中很重要的因素是人才，每一个简单的供给侧增长模型中都有人力资本，人力资本是经济增长的重要因素。除了可度量的物质资本和人力资本之外，人们主要是运用全要素生产率来解释增长的剩余部分，通常被我们称为创新。这就是当下经济面临的问题，这对教育提出了更高的要求。教育是大家都能接触到的领域，涉及每一个企业、每一个家庭、每一个个人，而每个人对教育的要求都会越来越高。尽管存在很多问题，也受到了很多批评，但公平地说，过去将近40年，中国的教育特别是我们关注的高等教育，对中国的经济起了非常重要的推动作用，这是作为一名经济学家的一个基本判断。

经济的竞争现在变成了创新的竞争，创新的竞争变成了人才的竞争，而人才的培养最终又要回归教育，这就是经济转型与教育转型之间的关系，这也是教育之所以重要的原因之一。教育转型、教育改革远远比经济改革更复杂。我有几点非常粗浅的体会。第一，经济学的一些思考的视角和方式方法，对思考教育问题是很有帮助的。比如我有一篇传播很广的文章，是由我在2014年中国教育三十人论坛首届年会上发表的关于中国教育问题的讲话内容整理而成的。在用来刻画教育和人才培养问题的时候，我用了“均值高”“方差小”这样的字眼，就是借鉴经济学研究的方式来思考。政府和社会组织对教育的大力投入、中国传统文化对教育的重视、中国学生在学业上花的时间多，这是优势的一面，但是学生之间的同质化严重。那怎么办呢？一方面我们的“均值”还是应该保持，或者效率更高一点，比如提高外语学习的效率。另一方面是提高我们的“方差”，让人和人不一样，这是创新的一个基本来源。创新就是新的东西，跟别人做的不一样，就这么简单，而这方面在我们的教育体制中很缺乏。在清华大学——中国顶尖大学经济管理学院的优秀学生中我也发现了这样的问题，学生的基本素质都很高，但是创造力和创新性不够。我们太注重知识获取和知识传授，我们把教育等同于知识灌输，这是我们一直以来的传统。有一个我在文章中引用过很多次的例子：在中国，家长在小孩回到家后都会问“你学到了什么新知识”；但是犹太小孩回到家后，家长问的是“你今天提了什么问题”。清华大学原校长陈吉宁有一次问以色列驻中国大使，说犹太人特别注重提问题，不光是学知识，小孩回到家里都会问今天在学校问了老师什么问题，这是不是真的。那名大使回答说是真的，但是家长还会问小孩一句话，你提了什么问题是老师答不出来的。实际上，提问题本身远比回答问题更难。我还记得希尔伯特在100年前提出了20个世界上最难的数学问题，虽然之后很多问题都被解决了，但大家记住的都是他提出了最有挑战性的20个问题，之后的人只不过是把他提出的问题解决了。

我一位同学的小孩原来在美国的小学上学，后来回到中国的小学上学。开家长会的时候，学校的老师跟家长说他的女儿听不懂课。后来她女儿说，我都听得懂只不过我老给老师提问题，老师听了以后就不高兴，或者是老师不一定不高兴，而是很自然地觉得她没懂。我在很多文章中提到，中国人和犹太人有两点很相似，一是重视家庭，二是重视教育。但是，双方采取的具体的方式方法不一样：我们重视教育体现在让孩子学习很多知识，而且要早学一点、多学一点、学深一点，永远围绕着知识。但犹太人不是，他们认为从来没有错误的或者愚蠢的问题，同时也从来没有唯一正确的答案。我们正好反过来。我们过于重视知识的传授和获取，而对思考和思维能力、批判性和创造性思维能力的培养是不够的。所以，为了更好地创新，为了经济更好发展，要在教育阶段特别是在培养才能的高等教育阶段，把学习知识上升到学会思考。

第二，今天这里叫作行知学院，我马上想到了陶行知先生的“知行合一”理念，我曾提过一个类似的理念“思行合一”，就是因为我们太容易把“知”简单化为知识。思和行应该一致。爱因斯坦对我的启发非常大，他在1921年时获得了诺贝尔物理学奖。在接受记者采访时，有记者问他声速等于多少，虽然爱因斯坦是最有资格回答这个问题的人，但是他拒绝回答。接下来，他说了一句非常有名的话，他说大学教育的价值不在于记住很多事实，而是训练大脑学会思考。在清华大学经济管理学院，有一门特别重要的本科生课程“批判性思维与道德推理”，英文简称“CTMR”，就是为培养学生的思维能力而设计的。此外我们设立了清华创新空间，也是为了培养学生的创新性。

第三，我想回归本次沙龙的主题，中国教育的今天就是中国经济的明天，从经济学的角度来说，经济发展相对于教育来说有一定的滞后性，今天我们讨论中国的教育问题，实际上是为了中国经济的明天。教育的其中一个功用是促进经济增长，但这绝对不应该是唯一的功用。中国的近代史告诉我们落后就要挨打，所以我们要学习科学技术，这是功利主义的目的。两千年前的中国传统文化是要培养君子，重点在人。后来我们发现教育和科技可以直接导致经济的发展和军事的强大，于是我们的重点就转到了“有用”的知识上，特别是跟科技和军事有关的知识。今天，我们的经济发展迅速，这当然跟我们的实用主义是密不可分的，但是在中国要从中等收入迈向高收入的时刻，我觉得教育更应该回归它的本质——以人为本。顾先生也强调教育最终是为了人，就像经济发展最终也是为了人一样。我就讲到这里，谢谢。

三、健全学生人格，回归体育本原

赵茁耳：今天在座的各位可能即将为父母，或者已为父母，所以对教育问题都非常关心。有人说，如果我从清华、北大毕业了还买不起学区房，那么我为什么还要买学区房？

钱颖一：学区房买的是期望的价值，学历是今天的价值，学区房的价值是你期望这个人几十年后的价值，与买股票是类似的。

赵茁耳： 其实学区房反映了家长普遍的焦虑，甚至有的年轻人在怀孕的时候就开始考虑孩子上学的问题。为什么会有这样的焦虑？它反映了什么问题？

顾明远： 这个事情反映了家长对孩子未来的期望过高。从家长的角度看，宁愿牺牲孩子幸福的童年换取将来的"幸福生活"，但是，如果没有幸福的童年就没有幸福的未来。培养学生最重要的是培养健全的人格，以及现在国外强调的健全的社会情绪。健全的社会情绪就是指要有开朗的性格，能够和别人沟通，能够包容别人。读书以后能考上清华、北大当然更好，但很难说将来的生活到底会怎么样。所以要让孩子有幸福的童年，能够自然地成长，培养孩子健全的人格和开朗的性格。

钱颖一： 你刚才问了一个非常经典的经济学问题——选择和决策。这个选择中有一个重要的假定，就是孩子受到的教育一定是跟学校相关的，而且相关的程度高到几乎就是一一对应的。马云当时高考考了两次没有考上大学，第三次考上了杭州师范学院，我说他幸亏没考上清华大学，否则他不一定能成为后来的马云。我们的文化经常忽视这种多样性的发展路径，我们往往认为只有一条路可以通往成功。当你做决策的时候都很理性，希望找到最佳的路径这没错，这是基于对这个世界的了解和对人的成长道路的理解才做出决策，但是很多时候这种了解和理解实际上是不准确的。

赵茁耳：清华大学要求如果游泳达不到一定的标准就不能毕业，这其实不是什么新规，只是把老校规重拾了，在顾老师的文章里也有一篇文章叫《还体育以本原》。

钱颖一：清华大学的这个要求提出来将近100年了，说到这里就要说说清华大学的历史。清华大学最早是留美预备学校，所以学习了很多美国的教育方式，包括对体育的重视。我们念大学的时候到了规定时间都必须出去锻炼。体育还有个人项目与团队项目的差别，美国校园特别注重团队项目，比如美式足球，后来发现积极参加团队项目的学生在后来的职业发展中非常成功，哈佛商学院也发现团队项目需要领导力和团队合作。大家知道保尔森——高盛集团原首席执行官、美国财政部长，他原来就是美式足球队的，他说在团队里对管理能力和领导能力都有非常大的锻炼。

顾明远：体育的本原就是说应该增强人民体魄，而不是光重视竞技体育。体育是根本，我讲体育回归本原，就是说我们不要过多地重视竞技体育，竞技体育和普通的体育不是一回事。我非常赞成足球这项团体体育运动。我们小时候也玩足球，我们在初中就有足球队，我是领队，我个子小、力气也小，但是我从来没有缺席过比赛。当时我的家乡江苏很穷，教室里都没有灯，但是我们班没有什么人眼睛近视。那个时候我们有两个班，二班大都是农村学生，他们都非常用功。我们班（一班）喜欢参加活动，足球队在城里赫赫有名，我们还有文艺社，活动非常多。新中国成立以后，我们班四五十个同学中在北京工作的有 15 个人，二班只有一个人。他们读书读得很好，但是最后都没有到大城市工作。为什么我总说学生成长在活动中？因为这也是我亲身体会出来的。

四、拓宽人生视野，提高素质修养

赵茁耳：钱院长一直强调本科生要进行通识教育，大学阶段要多学“无用的知识”，那么这些“无用的知识”在什么时候能够显现出它们的作用呢？

钱颖一：我们现在对知识有用性的定义越来越短视，有个词叫作“立竿见影”，就是我学了这个东西能够帮助我找到工作或者找到实习。大学教育的重点应该是影响学生的一生。通识教育相对于专业教育来说对学生的一生更有帮助，为什么？有几个原因：一是知识更新非常快，现在学到的知识几年后可能就过时了。二是调查发现，清华大学不少毕业生在五年内没有从事与所学专业相关的工作。所以很多专业知识都要重新学。三是知识远远没有思考更重要，通识教育注重的是思维逻辑的培养和观察视角的养成，长期来看非常有用。

顾明远：说到短期的功利主义，不光是学生，我们老师也经常搞教师培训。前些时间，很多老师问我怎么应付高考，我说虽然我没办法告诉你们怎么应付高考，但是我可以告诉你们我们应该有什么样的教育理念。另外，我希望老师们不要光研究如何教育，最好能够拓宽知识面，提高自身的素养。像数学老师可以读文学、学英语，文学老师可以看科普作品。在提高自身的素养后，思维自然就会开阔，所以知识不光是掌握具体的知识点，更重要的是提高人的品位和修养。

钱颖一：老师也有很大责任。老师经常会说：这个不考所以不用看，你要学那些要考的，既然不考你为什么要学？这些话全部都被学生记在脑子里。最大的负面影响是削弱了学生的好奇心，而好奇心是推动所有科学进步的根本推动力。爱因斯坦将自己巨大的创造力归结于好奇心，认为好奇可以是没有任何原因的。我们现在的教育就是为了考试，学习知识前要想这是不是在考试范围内，学生学习的所有动力都是达到短期的目标，只要不在这个目标范围之内就没有兴趣，这是我们现在非常大的问题。

赵茁耳：顾老师，您觉得我们的教育现在已经到了扼杀孩子创新能力的程度吗？

顾明远：现在的教育也在转型过程当中，比如教育一定要摆脱培训机构“绑架”学校的问题。这不是反对培训机构，家长确实有这种需要，但是有些培训机构的目的不是培养学生、帮助学生克服困难，而是应付考试。我们需要解决这个问题，否则学生负担太重了。家长很纠结，如果孩子不上培训班，他们心里就不放心。这已经成为一种从众的社会现象了，也有中国的文化因素在里面。其实这种培训并不一定有好的效果，相反可能压抑学生学习的兴趣和创造力。现在的学生处在被学习、被教育的状态，很多学校和家长没有认识到这一点，当然很多学校也正在改革。北京师范大学正在研究这个问题。关于怎么规范孩子们的课外活动，11 个部委也下发了研学旅行的相关文件。现在大家都有条件了，不光是在课堂上学习，搞一些课外活动对学生来讲更有意义。

赵茁耳：钱院长一直在说大学为学生、为学生的一生，顾老师也说要以学生为本，我们现在在建设世界一流大学和世界一流学科的过程当中把研究成果作为一个评定标准，二位认为以人为本与建设“双一流”之间有没有矛盾？如果有的话，那么这个矛盾该怎么平衡？

钱颖一：研究成果是可以度量的，而且世界上所有的排名，例如著名的泰晤士报世界大学排名、QS 世界大学排名、上海交大排名都是以可度量的指标为基础的，而这个指标就是论文的发表。论文是可度量的，杂志发表是可度量的，可是教育怎么度量？就业人数是可度量的，但是人的一生怎么度量？我非常支持“双一流”建设，但是我也知道这里面会有很多挑战。如果你的视野很宽广，希望教育功能长远，影响学生的一生，就不能只集中在片面的几个学科研究之上。

赵茁耳：顾老师，有人说现在的年轻人生活压力太大了，刚毕业的学生就开始讨论买房这些生活琐事，其实年轻人不该这样生活，应该像您年轻的时候那样，吟诵诗歌、开读书会，这样才会有创造力。但是也有人说，创造力是跟城市的经济发展成正比的。您怎么回应这个问题？生活压力真的扼杀了年轻人的创造力吗？

顾明远：现在年轻人确实压力很大，改变这种现状就是一个动力。但是现在我们提倡大众创业、万众创新，在这种情况之下出现了很多创客，根本的问题还是要创造。教育的本质在某种意义上就是培养学生的思维，推动学生思维的改变。“学而不思则罔”，如果光有文化、光有知识而不去思考，也就没有创造性。没有文化就更不用说了。比如现在我们吃的面包是用特别好的小麦磨成的面粉做出来的。有一个老农，他种地很有经验，种了几百亩这种小麦，头一年赔了几十万，后来跟科研机构合作，他就盈利了。

钱颖一：从经济学上分析，北京和上海有着大量人力资源、政治资源和金融财富资源，但我猜测深圳是最具有创造力的城市。虽然深圳没有一所特别著名的大学，但是中国最有名的企业——华为和腾讯都在深圳，这就是事实。这已经说明了，我们过去认为资源能导致创新的想法未必是完全对的。

五、加强跨界研究，融合学科特点

赵茁耳：最后想请两位做个比较，钱院长一直说自己跨界，其实也不算跨界，很多学院的院长并不是教育学出身的，您觉得经济学背景对于研究教育学和做院长有什么优势？

钱颖一：其实直到今天我都没有系统地学习过教育学，教育对我来讲是实践和经验，但是我每回答一个问题都要回到经济学的思路中，因为经济学讲的是选择和决策，一定会有得有失；有收益，有成本。我从中国的经济改革、金融改革和企业改革中获得了很多思路和启发，因为经济改革、金融改革和企业改革我们经历过，虽然还没完成，但是在实践中发现有很多行之有效或者行不通的办法，对于这些，教育改革都可以参考。所以，恰当的跨界还是非常有意义的，但是不能生搬硬套。

顾明远：教育可以说是人人都懂一点，人人都有发言权，所以现在很多不是搞教育的人都有发言权。教育本身就是一个跨界的学科，它不仅研究青少年成长的规律，还研究怎么把老一代的观念、文化传承下去。教育真的需要跨学科来研究，过去我们比较封闭，教育就是在教育内部研究，其实教育是人的一个主要的社会活动。所以，我们非常希望能够跨学科、跨文化来连接教育，此外我们还跟世界各国的教育进行比较，这样对教育的认识可能会更深刻一些。今天钱院长的讲话对我非常有启发，用经济学的观点来研究教育，以经济学的视角来进行选择、培养创新能力，这很有意义。

赵茁耳：谢谢两位老师，今天我们的活动马上就要结束了，请两位老师每人用一句话来总结一下。

顾明远：教育是未来的事业，教育的未来就在大家的身上。

钱颖一：我接着顾老师所说的，中国教育的今天就是中国经济的明天，也是中国文明的明天。

赵茁耳：再次感谢两位老师给我们带来的非常精彩的分享！

（本文由滕珺、韩思阳整理）

后记

这本小册子收集了近几年来我和国内外著名学者的对话，谈的都是当前教育的热点问题和对未来教育的展望。参加对话的并不都是教育界的人士，如美国的彼得·圣吉是世界著名管理学家，清华大学的钱颖一教授是我国著名经济学家。他们从跨教育界的视角来谈教育，使我们得到新的启示。苏霍姆林斯基的女儿苏霍姆林斯卡娅在对话中介绍了苏霍姆林斯基生前的事迹，使我们对苏霍姆林斯基的教育思想有了更深入的了解。加拿大许美德教授，我们在20世纪80年代就认识了，她是中国教育通，对中国的文化、教育都有较深的了解。日本佐藤学教授走遍了中国大地，访问了数百所中国的中小学，对中国的教育有很深的了解。美国苏珊博士虽然近几年才来到中国，但很快就发现中美文化差异在青少年教育中的反映。他们从不同的视角评论了中国教育和探讨了未来教育发展的问题。非常荣幸，在2019年明远教育论坛上与曾任联合国教科文组织教育助理总干事的唐虔先生对话，聆听了他对联合国教科文组织在全球教育治理方面的工作和他对未来教育的展望。今年，在新冠肺炎疫情肆虐的状况下，我和加德纳的对话只能在线上进行。读者们可以发现，来自不同国家、不同专业背景的学者，对当前的教育有着较一致的看法，那就是要回归教育的本原，去功利主义，以学生为主体，充分挖掘他们的潜在能力。

感谢参加对话的专家们，感谢为本书编辑工作付出努力的北京师范大学滕珺博士和为本书出版付出努力的中国人民大学出版社王雪颖女士。

2021年12月12日

图书在版编目（CIP）数据

对话中国教育：未来教育创新的建议/顾明远等著；滕珺等整理. --北京：中国人民大学出版社，2022. 3
（“认识中国·了解中国”书系）
ISBN 978-7-300-30408-3

Ⅰ. ①对… Ⅱ. ①顾… ②滕… Ⅲ. ①教育学－研究－中国 Ⅳ. ①G40

中国版本图书馆 CIP 数据核字（2022）第 038377 号

“十四五”时期国家重点出版物出版专项规划项目
“认识中国·了解中国”书系
对话中国教育
未来教育创新的建议
顾明远 等 著
滕 珺 等 整理
Duihua Zhongguo Jiaoyu

出版发行	中国人民大学出版社		
社　　址	北京中关村大街 31 号	**邮政编码**	100080
电　　话	010－62511242（总编室）		010－62511770（质管部）
	010－82501766（邮购部）		010－62514148（门市部）
	010－62515195（发行公司）		010－62515275（盗版举报）
网　　址	http：//www. crup. com. cn		
经　　销	新华书店		
印　　刷	天津中印联印务有限公司		
开　　本	720 mm×1000 mm　1/16	**版　　次**	2022 年 3 月第 1 版
印　　张	13	**印　　次**	2025 年 5 月第 4 次印刷
字　　数	105 000	**定　　价**	58.00 元